시편.쓰다 1
PSALMS WRITE

에이프릴지저스 편집부

KB192458

일러두기

1. 본서에 사용한 『성경전서 개역개정판』의 저작권은 (재)대한성서공회 소유로 허락을 받고 사용하였습니다.
2. "시편.쓰다 1", 문법을 파괴한 "쓰다 시리즈"의 제목은 디자인적 요소로서 성경 제목을 강조하기 위함입니다.
   이는, 마침표 역할로서 먼저 위치한 성경 제목을 읽고, 멈추었다 다음 단어(쓰다)로 가는 장치입니다.
3. 에이프릴지저스는 하나님이 만드신 세상을 자연스럽게(노필터) 담습니다.

표지사진: 빛을 담은 공간(OFFICE)
내지사진: 파키스탄 훈자(앞), 스페인 론다(뒤)

시편.쓰다 1

1-72편

필사는, 정독 중의 정독!
가장 적극적인 성경읽기입니다.

기록자
WRITER

시작일
START DATE

마감일
COMPLETE DATE

하늘이 하나님의 영광을 선포하고 궁창이 그의 손으로 하신 일을 나타내는도다
The heavens declare the glory of God; the skies proclaim the work of his hands.

시편 PSALMS 19:1

시
편

시편은

다섯권의 '시집'을 하나로 묶어 놓은 책으로, 총150편으로 이루어진 시편이 다섯 책으로 구성되어 있는 것은 모세오경의 다섯 권의 형태를 따른 것으로 볼 수 있습니다.

"1,000년에 걸쳐 쓰여진 시"로 시편을 히브리어로 '테힐림'이라고 하는데, 이는 '찬송'이란 뜻입니다. 시편은 하나님을 향한 이스라엘의 찬양의 목소리이며 말씀에 대한 묵상집인 동시에 성도의 신앙을 깨우치게 하는 거룩한 말씀입니다.

아름다운 노래 시편 필사로, 시인의 심정으로 돌아가 기도하고 찬미하며 함께 탄식하고 많은 위로와 힘을 받기를 바랍니다.

> **시편의 구성 | 150편 2,461절**
>
> **1권(1-41편)**　　**2권(42-72편)**
> 3권(73-89편)　　4권(90-106편)
> 5권(107-150편)

필사하기 전에

1. **[기도]** 필사를 시작하기 전에 기도하세요.
   "내 눈을 열어서 주의 율법에서 놀라운 것을 보게 하소서(시119:18)"
2. **[읽기]** 좌측의 성경말씀을 옮겨 적으며 소리 내 필사를 하세요.
   "오직 여호와의 율법을 즐거워하며(시1:2)"
3. **[묵상]** 읽고, 필사한 말씀을 묵상하세요.
   "너희는 나의 이 말을 너희의 마음과 뜻에 두고 또 그것을 너희의 손목에 매어 기호를 삼고 너희 미간에 붙여 표를 삼으며(신11:18)"
4. **[적용]** 말씀을 나의 삶에 적용하세요.
   "나로 하여금 깨닫게 하여 주소서 내가 주의 법을 준행하며 전심으로 지키리이다(시119:34)"
5. **[기도]** 필사 후 기도로 마무리 합니다.
   "내가 주의 법을 어찌 그리 사랑하는지요 내가 그것을 종일 작은 소리로 읊조리나이다(시편119:97)"

왜 필사인가?

필사는 정독 중의 정독입니다. 성경이 말하고자 하는 의미와 말씀이 살아 움직이는 체험을 하고 싶다면 빠르게 성경책을 넘기지 말고 정독하는 것이 좋습니다.

필사는 천천히 한자 한자 정성껏 쓰고 또 확인하며 천천히 읽게 되므로 말씀을 더 깊이 느낄 수 있는 시간이 주어집니다. 그동안 보이지 않았던, 말씀의 한 구절 한 구절이 가슴을 울리며 깊이 다가오는 경험을 갖게 됩니다.

필사라는 가장 적극적인 성경읽기를 통해,
말씀이 살아 움직임을 느끼고 삶의 변화까지 선물 받는 놀라운 필사의 경험을, 반드시 스스로에게 선물하기를 추천합니다.

왜 모눈(그리드) 인가?

수많은 대부분의 노트들은 줄로 이루어져 있습니다. 줄노트를 쓰는데 있어서 우리는 익숙하고 당연합니다. 하지만, **간격이 정해진 줄노트는 생각의 폭이 줄안에 갇힐수 있으므로 생각 확장**이 제한됩니다.

공간 활용에 자유로운 모눈(grid)은, 라인의 색깔이 연하므로 눈이 어지럽지 않고 글씨의 정렬 맞추기에 용이합니다.

필사를 하다 보면 노트를 더 예쁘게 만들고 싶을 때가 있습니다.
필사후, 다시 한번 읽으면서 **색연필이나 형광펜으로 밑줄을 긋거나** 남은 공간에는 **자유롭게 묵상이나 생각**을 간략히 적어보세요. 이 모눈노트가 나만의 필사노트로 꾸미는 것에 도움을 줄 것입니다.

자유로운 필사와 묵상으로 주님과 더욱 친밀해지기를 소망합니다.

제일권

1편

1 복 있는 사람은 악인들의 꾀를 따르지 아니하며 죄인들의 길에 서지 아니하며 오만한 자들의 자리에 앉지 아니하고

2 오직 여호와의 율법을 즐거워하여 그의 율법을 주야로 묵상하는도다

3 그는 시냇가에 심은 나무가 철을 따라 열매를 맺으며 그 잎사귀가 마르지 아니함 같으니 그가 하는 모든 일이 다 형통하리로다

4 악인들은 그렇지 아니함이여 오직 바람에 나는 겨와 같도다

5 그러므로 악인들은 심판을 견디지 못하며 죄인들이 의인들의 모임에 들지 못하리로다

6 무릇 의인들의 길은 여호와께서 인정하시나 악인들의 길은 망하리로다

2편

1 어찌하여 이방 나라들이 분노하며 민족들이 헛된 일을 꾸미는가

2 세상의 군왕들이 나서며 관원들이 서로 꾀하여 여호와와 그의 기름 부음 받은 자를 대적하며

3 우리가 그들의 맨 것을 끊고 그의 결박을 벗어 버리자 하는도다

4 하늘에 계신 이가 웃으심이여 주께서 그들을 비웃으시리로다

5 그 때에 분을 발하며 진노하사 그들을 놀라게 하여 이르시기를

6 내가 나의 왕을 내 거룩한 산 시온에 세웠다 하시리로다

7 내가 여호와의 명령을 전하노라 여호와께서 내게 이르시되 너는 내 아들이라 오늘 내가 너를 낳았도다

8 내게 구하라 내가 이방 나라를 네 유업으로 주리니 네 소유가 땅 끝까지 이르리로다

9 네가 철장으로 그들을 깨뜨림이여 질그릇 같이 부수리라 하시도다

10 그런즉 군왕들아 너희는 지혜를 얻으며 세상의 재판관들아 너희는 교훈을 받을지어다

11 여호와를 경외함으로 섬기고 떨며 즐거워할지어다

12 그의 아들에게 입맞추라 그렇지 아니하면 진노하심으로 너희가 길에서 망하리니 그의 진노가 급하심이라 여호와께 피하는 모든 사람은 다 복이 있도다

3편 [다윗이 그의 아들 압살롬을 피할 때에 지은 시]

1 여호와여 나의 대적이 어찌 그리 많은지요 일어나 나를 치는 자가 많으니이다

2 많은 사람이 나를 대적하여 말하기를 그는 하나님께 구원을 받지 못한다 하나이다 (셀라)

3 여호와여 주는 나의 방패시요 나의 영광이시요 나의 머리를 드시는 자이시니이다

4 내가 나의 목소리로 여호와께 부르짖으니 그의 성산에서 응답하시는도다 (셀라)

5 내가 누워 자고 깨었으니 여호와께서 나를 붙드심이로다

6 천만인이 나를 에워싸 진 친다 하여도 나는 두려워하지 아니하리이다

7 여호와여 일어나소서 나의 하나님이여 나를 구원하소서 주께서 나의 모든 원수의 뺨을 치시며 악인의 이를 꺾으셨나이다

8 구원은 여호와께 있사오니 주의 복을 주의 백성에게 내리소서 (셀라)

4편 [다윗의 시, 인도자를 따라 현악에 맞춘 노래]

1 내 의의 하나님이여 내가 부를 때에 응답하소서 곤란 중에 나를 너그럽게 하셨사오니 내게 은혜를 베푸사 나의 기도를 들으소서

2 인생들아 어느 때까지 나의 영광을 바꾸어 욕되게 하며 헛된 일을 좋아하고 거짓을 구하려는가 (셀라)

3 여호와께서 자기를 위하여 경건한 자를 택하신 줄 너희가 알지어다 내가 그를 부를 때에 여호와께서 들으시리로다

4 너희는 떨며 범죄하지 말지어다 자리에 누워 심중에 말하고 잠잠할지어다 (셀라)

5 의의 제사를 드리고 여호와를 의지할지어다

6 여러 사람의 말이 우리에게 선을 보일 자 누구뇨 하오니 여호와여 주의 얼굴을 들어 우리에게 비추소서

7 주께서 내 마음에 두신 기쁨은 그들의 곡식과 새 포도주가 풍성할 때보다 더하니이다

8 내가 평안히 눕고 자기도 하리니 나를 안전히 살게 하시는 이는 오직 여호와이시니이다

5편

[다윗의 시, 인도자를 따라 관악에 맞춘 노래]

1 여호와여 나의 말에 귀를 기울이사 나의 심정을 헤아려 주소서

2 나의 왕, 나의 하나님이여 내가 부르짖는 소리를 들으소서 내가 주께 기도하나이다

3 여호와여 아침에 주께서 나의 소리를 들으시리니 아침에 내가 주께 기도하고 바라리이다

4 주는 죄악을 기뻐하는 신이 아니시니 악이 주와 함께 머물지 못하며

5 오만한 자들이 주의 목전에 서지 못하리이다 주는 모든 행악자를 미워하시며

6 거짓말하는 자들을 멸망시키시리이다 여호와께서는 피 흘리기를 즐기는 자와 속이는 자를 싫어하시나이다

7 오직 나는 주의 풍성한 사랑을 힘입어 주의 집에 들어가 주를 경외함으로 성전을 향하여 예배하리이다

8 여호와여 나의 원수들로 말미암아 주의 의로 나를 인도하시고 주의 길을 내 목전에 곧게 하소서

9 그들의 입에 신실함이 없고 그들의 심중이 심히 악하며 그들의 목구멍은 열린 무덤 같고 그들의 혀로는 아첨하나이다

10 하나님이여 그들을 정죄하사 자기 꾀에 빠지게 하시고 그 많은 허물로 말미암아 그들을 쫓아내소서 그들이 주를 배역함이니이다

11 그러나 주께 피하는 모든 사람은 다 기뻐하며 주의 보호로 말미암아 영원히 기뻐 외치고 주의 이름을 사랑하는 자들은 주를 즐거워하리이다

12 여호와여 주는 의인에게 복을 주시고 방패로 함 같이 은혜로 그를 호위하시리이다

 6편

[다윗의 시, 인도자를 따라 현악 여덟째 줄에 맞춘 노래]

1 여호와여 주의 분노로 나를 책망하지 마시오며 주의 진노로 나를 징계하지 마옵소서

2 여호와여 내가 수척하였사오니 내게 은혜를 베푸소서 여호와여 나의 뼈가 떨리오니 나를 고치소서

3 나의 영혼도 매우 떨리나이다 여호와여 어느 때까지니이까

4 여호와여 돌아와 나의 영혼을 건지시며 주의 사랑으로 나를 구원하소서

5 사망 중에서는 주를 기억하는 일이 없사오니 스올에서 주께 감사할 자 누구리이까

6 내가 탄식함으로 피곤하여 밤마다 눈물로 내 침상을 띄우며 내 요를 적시나이다

7 내 눈이 근심으로 말미암아 쇠하며 내 모든 대적으로 말미암아 어두워졌나이다

8 악을 행하는 너희는 다 나를 떠나라 여호와께서 내 울음 소리를 들으셨도다

9 여호와께서 내 간구를 들으셨음이여 여호와께서 내 기도를 받으시리로다

10 내 모든 원수들이 부끄러움을 당하고 심히 떨이여 갑자기 부끄러워 물러가리로다

 7편

[다윗의 식가욘, 베냐민인 구시의 말에 따라 여호와께 드린 노래]

1 여호와 내 하나님이여 내가 주께 피하오니 나를 쫓아오는 모든 자들에게서 나를 구원하여 내소서

2 건져낼 자가 없으면 그들이 사자 같이 나를 찢고 뜯을까 하나이다

3 여호와 내 하나님이여 내가 이런 일을 행하였거나 내 손에 죄악이 있거나

4 화친한 자를 악으로 갚았거나 내 대적에게서 까닭 없이 빼앗았거든

5 원수가 나의 영혼을 쫓아 잡아 내 생명을 땅에 짓밟게 하고 내 영광을 먼지 속에 살게 하소서 (셀라)

6 여호와여 진노로 일어나사 내 대적들의 노를 막으시며 나를 위하여 깨소서 주께서 심판을 명령하셨나이다

7 민족들의 모임이 주를 두르게 하시고 그 위 높은 자리에 돌아오소서

8 여호와께서 만민에게 심판을 행하시오니 여호와여 나의 의와 나의 성실함을 따라 나를 심판하소서

9 악인의 악을 끊고 의인을 세우소서 의로우신 하나님이 사람의 마음과 양심을 감찰하시나이다

10 나의 방패는 마음이 정직한 자를 구원하시는 하나님께 있도다

11 하나님은 의로우신 재판장이심이여 매일 분노하시는 하나님이시로다

12 사람이 회개하지 아니하면 그가 그의 칼을 가심이여 그의 활을 이미 당기어 예비하셨도다

13 죽일 도구를 또한 예비하심이여 그가 만든 화살은 불화살들이로다

14 악인이 죄악을 낳음이여 재앙을 배어 거짓을 낳았도다

15 그가 웅덩이를 파 만듦이여 제가 만든 함정에 빠졌도다

16 그의 재앙은 자기 머리로 돌아가고 그의 포악은 자기 정수리에 내리리로다

17 내가 여호와께 그의 의를 따라 감사함이여 지존하신 여호와의 이름을 찬양하리로다

 8편

[다윗의 시, 인도자를 따라 깃딧에 맞춘 노래]

1 여호와 우리 주여 주의 이름이 온 땅에 어찌 그리 아름다운지요 주의 영광이 하늘을 덮었나이다

2 주의 대적으로 말미암아 어린 아이들과 젖먹이들의 입으로 권능을 세우심이여 이는 원수들과 보복자들을 잠잠하게 하려 하심이니이다

3 주의 손가락으로 만드신 주의 하늘과 주께서 베풀어 두신 달과 별들을 내가 보오니

4 사람이 무엇이기에 주께서 그를 생각하시며 인자가 무엇이기에 주께서 그를 돌보시나이까

5 그를 하나님보다 조금 못하게 하시고 영화와 존귀로 관을 씌우셨나이다

6 주의 손으로 만드신 것을 다스리게 하시고 만물을 그의 발 아래 두셨으니

7 곧 모든 소와 양과 들짐승이며

8 공중의 새와 바다의 물고기와 바닷길에 다니는 것이니이다

9 여호와 우리 주여 주의 이름이 온 땅에 어찌 그리 아름다운지요

9편

[다윗의 시, 인도자를 따라 뭇랍벤에 맞춘 노래]

1 내가 전심으로 여호와께 감사하오며 주의 모든 기이한 일들을 전하리이다

2 내가 주를 기뻐하고 즐거워하며 지존하신 주의 이름을 찬송하리니

3 내 원수들이 물러갈 때에 주 앞에서 넘어져 망함이니이다

4 주께서 나의 의와 송사를 변호하셨으며 보좌에 앉으사 의롭게 심판하셨나이다

5 이방 나라들을 책망하시고 악인을 멸하시며 그들의 이름을 영원히 지우셨나이다

6 원수가 끊어져 영원히 멸망하였사오니 주께서 무너뜨린 성읍들을 기억할 수 없나이다

7 여호와께서 영원히 앉으심이여 심판을 위하여 보좌를 준비하셨도다

8 공의로 세계를 심판하심이여 정직으로 만민에게 판결을 내리시리로다

9 여호와는 압제를 당하는 자의 요새이시요 환난 때의 요새이시로다

10 여호와여 주의 이름을 아는 자는 주를 의지하오리니 이는 주를 찾는 자들을 버리지 아니하심이니이다

11 너희는 시온에 계신 여호와를 찬송하며 그의 행사를 백성 중에 선포할지어다

12 피 흘림을 심문하시는 이가 그들을 기억하심이여 가난한 자의 부르짖음을 잊지 아니하시도다

13 여호와여 내게 은혜를 베푸소서 나를 사망의 문에서 일으키시는 주여 나를 미워하는 자에게서 받는 나의 고통을 보소서

14 그리하시면 내가 주의 찬송을 다 전할 것이요 딸 시온의 문에서 주의 구원을 기뻐하리이다

15 이방 나라들은 자기가 판 웅덩이에 빠짐이여 자기가 숨긴 그물에 자기 발이 걸렸도다

16 여호와께서 자기를 알게 하사 심판을 행하셨음이여 악인은 자기가 손으로 행한 일에 스스로 얽혔도다 (힉가욘, 셀라)

17 악인들이 스올로 돌아감이여 하나님을 잊어버린 모든 이방 나라들이 그리하리로다

18 궁핍한 자가 항상 잊어버림을 당하지 아니함이여 가난한 자들이 영원히 실망하지 아니하리로다

19 여호와여 일어나사 인생으로 승리를 얻지 못하게 하시며 이방 나라들이 주 앞에서 심판을 받게 하소서

20 여호와여 그들을 두렵게 하시며 이방 나라들이 자기는 인생일 뿐인 줄 알게 하소서 (셀라)

1 여호와여 어찌하여 멀리 서시며 어찌하여 환난 때에 숨으시나이까

2 악한 자가 교만하여 가련한 자를 심히 압박하오니 그들이 자기가 베푼 꾀에 빠지게 하소서

3 악인은 그의 마음의 욕심을 자랑하며 탐욕을 부리는 자는 여호와를 배반하여 멸시하나이다

4 악인은 그의 교만한 얼굴로 말하기를 여호와께서 이를 감찰하지 아니하신다 하며 그의 모든 사상에 하나님이 없다 하나이다

5 그의 길은 언제든지 견고하고 주의 심판은 높아서 그에게 미치지 못하오니 그는 그의 모든 대적들을 멸시하며

6 그의 마음에 이르기를 나는 흔들리지 아니하며 대대로 환난을 당하지 아니하리라 하나이다

7 그의 입에는 저주와 거짓과 포악이 충만하며 그의 혀 밑에는 잔해와 죄악이 있나이다

8 그가 마을 구석진 곳에 앉으며 그 은밀한 곳에서 무죄한 자를 죽이며 그의 눈은 가련한 자를 엿보나이다

9 사자가 자기의 굴에 엎드림 같이 그가 은밀한 곳에 엎드려 가련한 자를 잡으려고 기다리며 자기 그물을 끌어당겨 가련한 자를 잡나이다

10 그가 구푸려 엎드리니 그의 포악으로 말미암아 가련한 자들이 넘어지나이다

11 그가 그의 마음에 이르기를 하나님이 잊으셨고 그의 얼굴을 가리셨으니 영원히 보지 아니하시리라 하나이다

12 여호와여 일어나옵소서 하나님이여 손을 드옵소서 가난한 자들을 잊지 마옵소서

13 어찌하여 악인이 하나님을 멸시하여 그의 마음에 이르기를 주는 감찰하지 아니하리라 하나이까

14 주께서는 보셨나이다 주는 재앙과 원한을 감찰하시고 주의 손으로 갚으려 하시오니 외로운 자가 주를 의지하나이다 주는 벌써부터 고아를 도우시는 이시니이다

15 악인의 팔을 꺾으소서 악한 자의 악을 더 이상 찾아낼 수 없을 때까지 찾으소서

16 여호와께서는 영원무궁하도록 왕이시니 이방 나라들이 주의 땅에서 멸망하였나이다

17 여호와여 주는 겸손한 자의 소원을 들으셨사오니 그들의 마음을 준비하시며 귀를 기울여 들으시고

18 고아와 압제 당하는 자를 위하여 심판하사 세상에 속한 자가 다시는 위협하지 못하게 하시리이다

[다윗의 시, 인도자를 따라 부르는 노래]

1 내가 여호와께 피하였거늘 너희가 내 영혼에게 새 같이 네 산으로 도망하라 함은 어찌함인가

2 악인이 활을 당기고 화살을 시위에 먹임이여 마음이 바른 자를 어두운 데서 쏘려 하는도다

3 터가 무너지면 의인이 무엇을 하랴

4 여호와께서는 그의 성전에 계시고 여호와의 보좌는 하늘에 있음이여 그의 눈이 인생을 통촉하시고 그의 안목이 그들을 감찰하시도다

5 여호와는 의인을 감찰하시고 악인과 폭력을 좋아하는 자를 마음에 미워하시도다

6 악인에게 그물을 던지시리니 불과 유황과 태우는 바람이 그들의 잔의 소득이 되리로다

7 여호와는 의로우사 의로운 일을 좋아하시나니 정직한 자는 그의 얼굴을 뵈오리로다

12편

[다윗의 시, 인도자를 따라 여덟째 줄에 맞춘 노래]

1 여호와여 도우소서 경건한 자가 끊어지며 충실한 자들이 인생 중에 없어지나이다

2 그들이 이웃에게 각기 거짓을 말함이여 아첨하는 입술과 두 마음으로 말하는도다

3 여호와께서 모든 아첨하는 입술과 자랑하는 혀를 끊으시리니

4 그들이 말하기를 우리의 혀가 이기리라 우리 입술은 우리 것이니 우리를 주관할 자 누구리요 함이로다

5 여호와의 말씀에 가련한 자들의 눌림과 궁핍한 자들의 탄식으로 말미암아 내가 이제 일어나 그를 그가 원하는 안전한 지대에 두리라 하시도다

6 여호와의 말씀은 순결함이여 흙 도가니에 일곱 번 단련한 은 같도다

7 여호와여 그들을 지키사 이 세대로부터 영원까지 보존하시리이다

8 비열함이 인생 중에 높임을 받는 때에 악인들이 곳곳에서 날뛰는도다

 13편

[다윗의 시, 인도자를 따라 부르는 노래]

1 여호와여 어느 때까지니이까 나를 영원히 잊으시나이까 주의 얼굴을 나에게서 어느 때까지 숨기시겠나이까

2 나의 영혼이 번민하고 종일토록 마음에 근심하기를 어느 때까지 하오며 내 원수가 나를 치며 자랑하기를 어느 때까지 하리이까

3 여호와 내 하나님이여 나를 생각하사 응답하시고 나의 눈을 밝히소서 두렵건대 내가 사망의 잠을 잘까 하오며

4 두렵건대 나의 원수가 이르기를 내가 그를 이겼다 할까 하오며 내가 흔들릴 때에 나의 대적들이 기뻐할까 하나이다

5 나는 오직 주의 사랑을 의지하였사오니 나의 마음은 주의 구원을 기뻐하리이다

6 내가 여호와를 찬송하리니 이는 주께서 내게 은덕을 베푸심이로다

14편

[다윗의 시, 인도자를 따라 부르는 노래]

1 어리석은 자는 그의 마음에 이르기를 하나님이 없다 하는도다 그들은 부패하고 그 행실이 가증하니 선을 행하는 자가 없도다

2 여호와께서 하늘에서 인생을 굽어살피사 지각이 있어 하나님을 찾는 자가 있는가 보려 하신즉

3 다 치우쳐 함께 더러운 자가 되고 선을 행하는 자가 없으니 하나도 없도다

4 죄악을 행하는 자는 다 무지하냐 그들이 떡 먹듯이 내 백성을 먹으면서 여호와를 부르지 아니하는도다

5 그러나 거기서 그들은 두려워하고 두려워하였으니 하나님이 의인의 세대에 계심이로다

6 너희가 가난한 자의 계획을 부끄럽게 하나 오직 여호와는 그의 피난처가 되시도다

7 이스라엘의 구원이 시온에서 나오기를 원하도다 여호와께서 그의 백성을 포로된 곳에서 돌이키실 때에 야곱이 즐거워하고 이스라엘이 기뻐하리로다

 15편

[다윗의 시]

1 여호와여 주의 장막에 머무를 자 누구오며 주의 성산에 사는 자 누구오니이까

2 정직하게 행하며 공의를 실천하며 그의 마음에 진실을 말하며

3 그의 혀로 남을 허물하지 아니하고 그의 이웃에게 악을 행하지 아니하며 그의 이웃을 비방하지 아니하며

4 그의 눈은 망령된 자를 멸시하며 여호와를 두려워하는 자들을 존대하며 그의 마음에 서원한 것은 해로울지라도 변하지 아니하며

5 이자를 받으려고 돈을 꾸어 주지 아니하며 뇌물을 받고 무죄한 자를 해하지 아니하는 자이니 이런 일을 행하는 자는 영원히 흔들리지 아니하리이다

16편

[다윗의 믹담]

1 하나님이여 나를 지켜 주소서 내가 주께 피하나이다

2 내가 여호와께 아뢰되 주는 나의 주님이시오니 주 밖에는 나의 복이 없다 하였나이다

3 땅에 있는 성도들은 존귀한 자들이니 나의 모든 즐거움이 그들에게 있도다

4 다른 신에게 예물을 드리는 자는 괴로움이 더할 것이라 나는 그들이 드리는 피의 전제를 드리지 아니하며 내 입술로 그 이름도 부르지 아니하리로다

5 여호와는 나의 산업과 나의 잔의 소득이시니 나의 분깃을 지키시나이다

6 내게 줄로 재어 준 구역은 아름다운 곳에 있음이여 나의 기업이 실로 아름답도다

7 나를 훈계하신 여호와를 송축할지라 밤마다 내 양심이 나를 교훈하도다

8 내가 여호와를 항상 내 앞에 모심이여 그가 나의 오른쪽에 계시므로 내가 흔들리지 아니하리로다

9 이러므로 나의 마음이 기쁘고 나의 영도 즐거워하며 내 육체도 안전히 살리니

10 이는 주께서 내 영혼을 스올에 버리지 아니하시며 주의 거룩한 자를 멸망시키지 않으실 것임이니이다

11 주께서 생명의 길을 내게 보이시리니 주의 앞에는 충만한 기쁨이 있고 주의 오른쪽에는 영원한 즐거움이 있나이다

 17편

[다윗의 기도]

1 여호와여 의의 호소를 들으소서 나의 울부짖음에 주의하소서 거짓 되지 아니한 입술에서 나오는 나의 기도에 귀를 기울이소서

2 주께서 나를 판단하시며 주의 눈으로 공평함을 살피소서

3 주께서 내 마음을 시험하시고 밤에 내게 오시어서 나를 감찰하셨으나 흠을 찾지 못하셨사오니 내가 결심하고 입으로 범죄하지 아니하리이다

4 사람의 행사로 논하면 나는 주의 입술의 말씀을 따라 스스로 삼가서 포악한 자의 길을 가지 아니하였사오며

5 나의 걸음이 주의 길을 굳게 지키고 실족하지 아니하였나이다

6 하나님이여 내게 응답하시겠으므로 내가 불렀사오니 내게 귀를 기울여 내 말을 들으소서

7 주께 피하는 자들을 그 일어나 치는 자들에게서 오른손으로 구원하시는 주여 주의 기이한 사랑을 나타내소서

8 나를 눈동자 같이 지키시고 주의 날개 그늘 아래에 감추사

9 내 앞에서 나를 압제하는 악인들과 나의 목숨을 노리는 원수들에게서 벗어나게 하소서

10 그들의 마음은 기름에 잠겼으며 그들의 입은 교만하게 말하나이다

11 이제 우리가 걸어가는 것을 그들이 에워싸서 노려보고 땅에 넘어뜨리려 하나이다

12 그는 그 움킨 것을 찢으려 하는 사자 같으며 은밀한 곳에 엎드린 젊은 사자 같으니이다

13 여호와여 일어나 그를 대항하여 넘어뜨리시고 주의 칼로 악인에게서 나의 영혼을 구원하소서

14 여호와여 이 세상에 살아 있는 동안 그들의 분깃을 받은 사람들에게서 주의 손으로 나를 구하소서 그들은 주의 재물로 배를 채우고 자녀로 만족하고 그들의 남은 산업을 그들의 어린 아이들에게 물려 주는 자니이다

15 나는 의로운 중에 주의 얼굴을 뵈오리니 깰 때에 주의 형상으로 만족하리이다

 18편

[여호와의 종 다윗의 시, 인도자를 따라 부르는 노래, 여호와께서 다윗을 그 모든 원수들의 손에서와 사울의 손에서 건져 주신 날에 다윗이 이 노래의 말로 여호와께 아뢰어 이르되]

1 나의 힘이신 여호와여 내가 주를 사랑하나이다

2 여호와는 나의 반석이시요 나의 요새시요 나를 건지시는 이시요 나의 하나님이시요 내가 그 안에 피할 나의 바위시요 나의 방패시요 나의 구원의 뿔이시요 나의 산성이시로다

3 내가 찬송 받으실 여호와께 아뢰리니 내 원수들에게서 구원을 얻으리로다

4 사망의 줄이 나를 얽고 불의의 창수가 나를 두렵게 하였으며

5 스올의 줄이 나를 두르고 사망의 올무가 내게 이르렀도다

6 내가 환난 중에서 여호와께 아뢰며 나의 하나님께 부르짖었더니 그가 그의 성전에서 내 소리를 들으심이여 그의 앞에서 나의 부르짖음이 그의 귀에 들렸도다

7 이에 땅이 진동하고 산들의 터도 요동하였으니 그의 진노로 말미암음이로다

8 그의 코에서 연기가 오르고 입에서 불이 나와 사름이여 그 불에 숯이 피었도다

9 그가 또 하늘을 드리우시고 강림하시니 그의 발 아래는 어두캄캄하도다

10 그룹을 타고 다니심이여 바람 날개를 타고 높이 솟아오르셨도다

11 그가 흑암을 그의 숨는 곳으로 삼으사 장막 같이 자기를 두르게 하심이여 곧 물의 흑암과 공중의 빽빽한 구름으로 그리하시도다

12 그 앞에 광채로 말미암아 빽빽한 구름이 지나며 우박과 숯불이 내리도다

13 여호와께서 하늘에서 우렛소리를 내시고 지존하신 이가 음성을 내시며 우박과 숯불을 내리시도다

14 그의 화살을 날려 그들을 흩으심이여 많은 번개로 그들을 깨뜨리셨도다

15 이럴 때에 여호와의 꾸지람과 콧김으로 말미암아 물 밑이 드러나고 세상의 터가 나타났도다

16 그가 높은 곳에서 손을 펴사 나를 붙잡아 주심이여 많은 물에서 나를 건져내셨도다

17 나를 강한 원수와 미워하는 자에게서 건지셨음이여 그들은 나보다 힘이 세기 때문이로다

18 그들이 나의 재앙의 날에 내게 이르렀으나 여호와께서 나의 의지가 되셨도다

19 나를 넓은 곳으로 인도하시고 나를 기뻐하시므로 나를 구원하셨도다

20 여호와께서 내 의를 따라 상 주시며 내 손의 깨끗함을 따라 내게 갚으셨으니

21 이는 내가 여호와의 도를 지키고 악하게 내 하나님을 떠나지 아니하였으며

22 그의 모든 규례가 내 앞에 있고 내게서 그의 율례를 버리지 아니하였음이로다

23 또한 나는 그의 앞에 완전하여 나의 죄악에서 스스로 자신을 지켰나니

24 그러므로 여호와께서 내 의를 따라 갚으시되 그의 목전에서 내 손이 깨끗한 만큼 내게 갚으셨도다

25 자비로운 자에게는 주의 자비로우심을 나타내시며 완전한 자에게는 주의 완전하심을 보이시며

26 깨끗한 자에게는 주의 깨끗하심을 보이시며 사악한 자에게는 주의 거스르심을 보이시리니

27 주께서 곤고한 백성은 구원하시고 교만한 눈은 낮추시리이다

28 주께서 나의 등불을 켜심이여 여호와 내 하나님이 내 흑암을 밝히시리이다

29 내가 주를 의뢰하고 적군을 향해 달리며 내 하나님을 의지하고 담을 뛰어넘나이다

30 하나님의 도는 완전하고 여호와의 말씀은 순수하니 그는 자기에게 피하는 모든 자의 방패시로다

31 여호와 외에 누가 하나님이며 우리 하나님 외에 누가 반석이냐

32 이 하나님이 힘으로 내게 띠 띠우시며 내 길을 완전하게 하시며

33 나의 발을 암사슴 발 같게 하시며 나를 나의 높은 곳에 세우시며

34 내 손을 가르쳐 싸우게 하시니 내 팔이 놋 활을 당기도다

35 또 주께서 주의 구원하는 방패를 내게 주시며 주의 오른손이 나를 붙들고 주의 온유함이 나를 크게 하셨나이다

36 내 걸음을 넓게 하셨고 나를 실족하지 않게 하셨나이다

37 내가 내 원수를 뒤쫓아가리니 그들이 망하기 전에는 돌아서지 아니하리이다

38 내가 그들을 쳐서 능히 일어나지 못하게 하리니 그들이 내 발 아래에 엎드러지리이다

39 주께서 나를 전쟁하게 하려고 능력으로 내게 띠 띠우사 일어나 나를 치는 자들이 내게 굴복하게 하셨나이다

40 또 주께서 내 원수들에게 등을 내게로 향하게 하시고 나를 미워하는 자들을 내가 끊어 버리게 하셨나이다

41 그들이 부르짖으나 구원할 자가 없었고 여호와께 부르짖어도 그들에게 대답하지 아니하셨나이다

42 내가 그들을 바람 앞에 티끌 같이 부숴뜨리고 거리의 진흙 같이 쏟아 버렸나이다

43 주께서 나를 백성의 다툼에서 건지시고 여러 민족의 으뜸으로 삼으셨으니 내가 알지 못하는 백성이 나를 섬기리이다

44 그들이 내 소문을 들은 즉시로 내게 청종함이여 이방인들이 내게 복종하리로다

45 이방 자손들이 쇠잔하여 그 견고한 곳에서 떨며 나오리로다

46 여호와는 살아 계시니 나의 반석을 찬송하며 내 구원의 하나님을 높일지로다

47 이 하나님이 나를 위하여 보복해 주시고 민족들이 내게 복종하게 해 주시도다

48 주께서 나를 내 원수들에게서 구조하시니 주께서 나를 대적하는 자들의 위에 나를 높이 드시고 나를 포악한 자에게서 건지시나이다

49 여호와여 이러므로 내가 이방 나라들 중에서 주께 감사하며 주의 이름을 찬송하리이다

50 여호와께서 그 왕에게 큰 구원을 주시며 기름 부음 받은 자에게 인자를 베푸심이여 영원토록 다윗과 그 후손에게로다

19편

[다윗의 시, 인도자를 따라 부르는 노래]

1 하늘이 하나님의 영광을 선포하고 궁창이 그의 손으로 하신 일을 나타내는도다

2 날은 날에게 말하고 밤은 밤에게 지식을 전하니

3 언어도 없고 말씀도 없으며 들리는 소리도 없으나

4 그의 소리가 온 땅에 통하고 그의 말씀이 세상 끝까지 이르도다 하나님이 해를 위하여 하늘에 장막을 베푸셨도다

5 해는 그의 신방에서 나오는 신랑과 같고 그의 길을 달리기 기뻐하는 장사 같아서

6 하늘 이 끝에서 나와서 하늘 저 끝까지 운행함이여 그의 열기에서 피할 자가 없도다

7 여호와의 율법은 완전하여 영혼을 소성시키며 여호와의 증거는 확실하여 우둔한 자를 지혜롭게 하며

8 여호와의 교훈은 정직하여 마음을 기쁘게 하고 여호와의 계명은 순결하여 눈을 밝게 하시도다

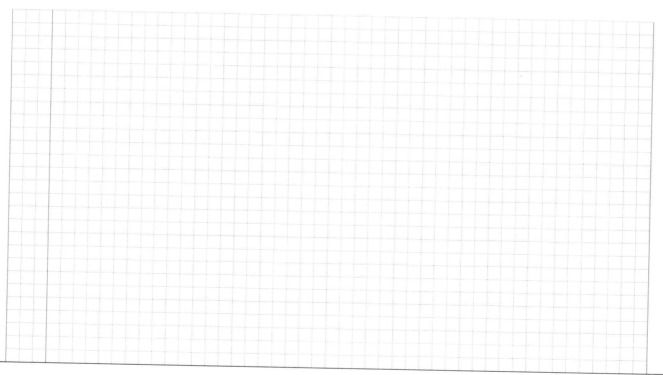

9 여호와를 경외하는 도는 정결하여 영원까지 이르고 여호와의 법도 진실하여 다 의로우니

10 금 곧 많은 순금보다 더 사모할 것이며 꿀과 송이꿀보다 더 달도다

11 또 주의 종이 이것으로 경고를 받고 이것을 지킴으로 상이 크니이다

12 자기 허물을 능히 깨달을 자 누구리요 나를 숨은 허물에서 벗어나게 하소서

13 또 주의 종에게 고의로 죄를 짓지 말게 하사 그 죄가 나를 주장하지 못하게 하소서 그리하면 내가 정직하여 큰 죄과에서 벗어나겠나이다

14 나의 반석이시요 나의 구속자이신 여호와여 내 입의 말과 마음의 묵상이 주님 앞에 열납되기를 원하나이다

 20편

[다윗의 시, 인도자를 따라 부르는 노래]

1 환난 날에 여호와께서 네게 응답하시고 야곱의 하나님의 이름이 너를 높이 드시며

2 성소에서 너를 도와 주시고 시온에서 너를 붙드시며

3 네 모든 소제를 기억하시며 네 번제를 받아 주시기를 원하노라 (셀라)

4 네 마음의 소원대로 허락하시고 네 모든 계획을 이루어 주시기를 원하노라

5 우리가 너의 승리로 말미암아 개가를 부르며 우리 하나님의 이름으로 우리의 깃발을 세우리니 여호와께서 네 모든 기도를 이루어 주시기를 원하노라

6 여호와께서 자기에게 기름 부음 받은 자를 구원하시는 줄 이제 내가 아노니 그의 오른손의 구원하는 힘으로 그의 거룩한 하늘에서 그에게 응답하시리로다

7 어떤 사람은 병거, 어떤 사람은 말을 의지하나 우리는 여호와 우리 하나님의 이름을 자랑하리로다

8 그들은 비틀거리며 엎드러지고 우리는 일어나 바로 서도다

9 여호와여 왕을 구원하소서 우리가 부를 때에 우리에게 응답하소서

21편

[다윗의 시, 인도자를 따라 부르는 노래]

1 여호와여 왕이 주의 힘으로 말미암아 기뻐하며 주의 구원으로 말미암아 크게 즐거워하리이다

2 그의 마음의 소원을 들어 주셨으며 그의 입술의 요구를 거절하지 아니하셨나이다 (셀라)

3 주의 아름다운 복으로 그를 영접하시고 순금 관을 그의 머리에 씌우셨나이다

4 그가 생명을 구하매 주께서 그에게 주셨으니 곧 영원한 장수로소이다

5 주의 구원이 그의 영광을 크게 하시고 존귀와 위엄을 그에게 입히시나이다

6 그가 영원토록 지극한 복을 받게 하시며 주 앞에서 기쁘고 즐겁게 하시나이다

7 왕이 여호와를 의지하오니 지존하신 이의 인자함으로 흔들리지 아니하리이다

8 왕의 손이 왕의 모든 원수들을 찾아냄이여 왕의 오른손이 왕을 미워하는 자들을 찾아내리로다

9 왕이 노하실 때에 그들을 풀무불 같게 할 것이라 여호와께서 진노하사 그들을 삼키시리니 불이 그들을 소멸하리로다

10 왕이 그들의 후손을 땅에서 멸함이여 그들의 자손을 사람 중에서 끊으리로다

11 비록 그들이 왕을 해하려 하여 음모를 꾸몄으나 이루지 못하도다

12 왕이 그들로 돌아서게 함이여 그들의 얼굴을 향하여 활시위를 당기리로다

13 여호와여 주의 능력으로 높임을 받으소서 우리가 주의 권능을 노래하고 찬송하게 하소서

22편

[다윗의 시, 인도자를 따라 아앨렛샤할에 맞춘 노래]

1 내 하나님이여 내 하나님이여 어찌 나를 버리셨나이까 어찌 나를 멀리 하여 돕지 아니하시오며 내 신음 소리를 듣지 아니하시나이까

2 내 하나님이여 내가 낮에도 부르짖고 밤에도 잠잠하지 아니하오나 응답하지 아니하시나이다

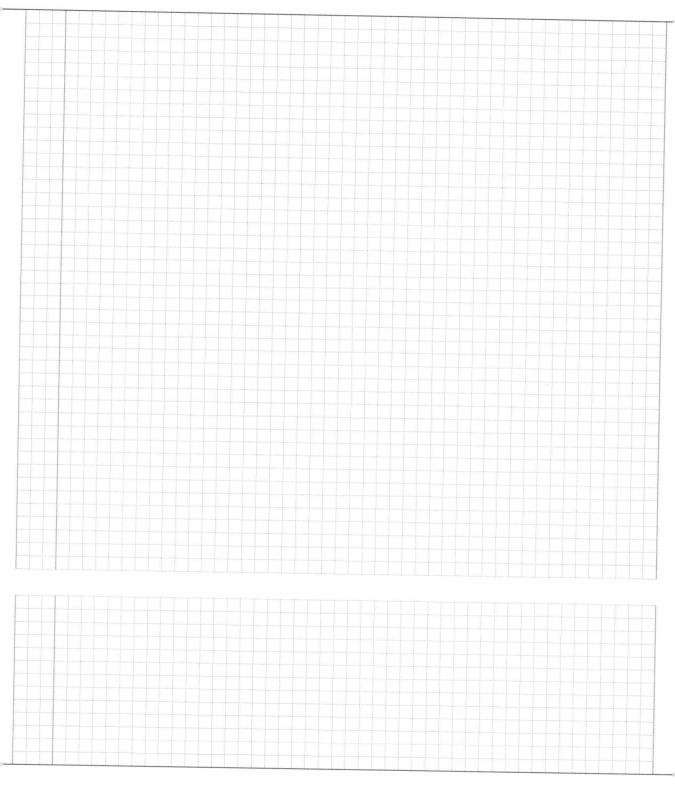

3 이스라엘의 찬송 중에 계시는 주여 주는 거룩하시니이다

4 우리 조상들이 주께 의뢰하고 의뢰하였으므로 그들을 건지셨나이다

5 그들이 주께 부르짖어 구원을 얻고 주께 의뢰하여 수치를 당하지 아니하였나이다

6 나는 벌레요 사람이 아니라 사람의 비방 거리요 백성의 조롱 거리니이다

7 나를 보는 자는 다 나를 비웃으며 입술을 비쭉거리고 머리를 흔들며 말하되

8 그가 여호와께 의탁하니 구원하실 걸, 그를 기뻐하시니 건지실 걸 하나이다

9 오직 주께서 나를 모태에서 나오게 하시고 내 어머니의 젖을 먹을 때에 의지하게 하셨나이다

10 내가 날 때부터 주께 맡긴 바 되었고 모태에서 나올 때부터 주는 나의 하나님이 되셨나이다

11 나를 멀리 하지 마옵소서 환난이 가까우나 도울 자 없나이다

12 많은 황소가 나를 에워싸며 바산의 힘센 소들이 나를 둘러쌌으며

13 내게 그 입을 벌림이 찢으며 부르짖는 사자 같으니이다

14 나는 물 같이 쏟아졌으며 내 모든 뼈는 어그러졌으며 내 마음은 밀랍 같아서 내 속에서 녹았으며

15 내 힘이 말라 질그릇 조각 같고 내 혀가 입천장에 붙었나이다 주께서 또 나를 죽음의 진토 속에 두셨나이다

16 개들이 나를 에워쌌으며 악한 무리가 나를 둘러 내 수족을 찔렀나이다

17 내가 내 모든 뼈를 셀 수 있나이다 그들이 나를 주목하여 보고

18 내 겉옷을 나누며 속옷을 제비 뽑나이다

19 여호와여 멀리 하지 마옵소서 나의 힘이시여 속히 나를 도우소서

20 내 생명을 칼에서 건지시며 내 유일한 것을 개의 세력에서 구하소서

21 나를 사자의 입에서 구하소서 주께서 내게 응답하시고 들소의 뿔에서 구원하셨나이다

22 내가 주의 이름을 형제에게 선포하고 회중 가운데에서 주를 찬송하리이다

23 여호와를 두려워하는 너희여 그를 찬송할지어다 야곱의 모든 자손이여 그에게 영광을 돌릴지어다 너희 이스라엘 모든 자손이여 그를 경외할지어다

24 그는 곤고한 자의 곤고를 멸시하거나 싫어하지 아니하시며 그의 얼굴을 그에게서 숨기지 아니하시고 그가 울부짖을 때에 들으셨도다

25 큰 회중 가운데에서 나의 찬송은 주께로부터 온 것이니 주를 경외하는 자 앞에서 나의 서원을 갚으리이다

26 겸손한 자는 먹고 배부를 것이며 여호와를 찾는 자는 그를 찬송할 것이라 너희 마음은 영원히 살지어다

27 땅의 모든 끝이 여호와를 기억하고 돌아오며 모든 나라의 모든 족속이 주의 앞에 예배하리니

28 나라는 여호와의 것이요 여호와는 모든 나라의 주재심이로다

29 세상의 모든 풍성한 자가 먹고 경배할 것이요 진토 속으로 내려가는 자 곧 자기 영혼을 살리지 못할 자도 다 그 앞에 절하리로다

30 후손이 그를 섬길 것이요 대대에 주를 전할 것이며

31 와서 그의 공의를 태어날 백성에게 전함이여 주께서 이를 행하셨다 할 것이로다

[다윗의 시]

1 여호와는 나의 목자시니 내게 부족함이 없으리로다

2 그가 나를 푸른 풀밭에 누이시며 쉴 만한 물 가로 인도하시는도다

3 내 영혼을 소생시키시고 자기 이름을 위하여 의의 길로 인도하시는도다

4 내가 사망의 음침한 골짜기로 다닐지라도 해를 두려워하지 않을 것은 주께서 나와 함께 하심이라 주의 지팡이와 막대기가 나를 안위하시나이다

5 주께서 내 원수의 목전에서 내게 상을 차려 주시고 기름을 내 머리에 부으셨으니 내 잔이 넘치나이다

6 내 평생에 선하심과 인자하심이 반드시 나를 따르리니 내가 여호와의 집에 영원히 살리로다

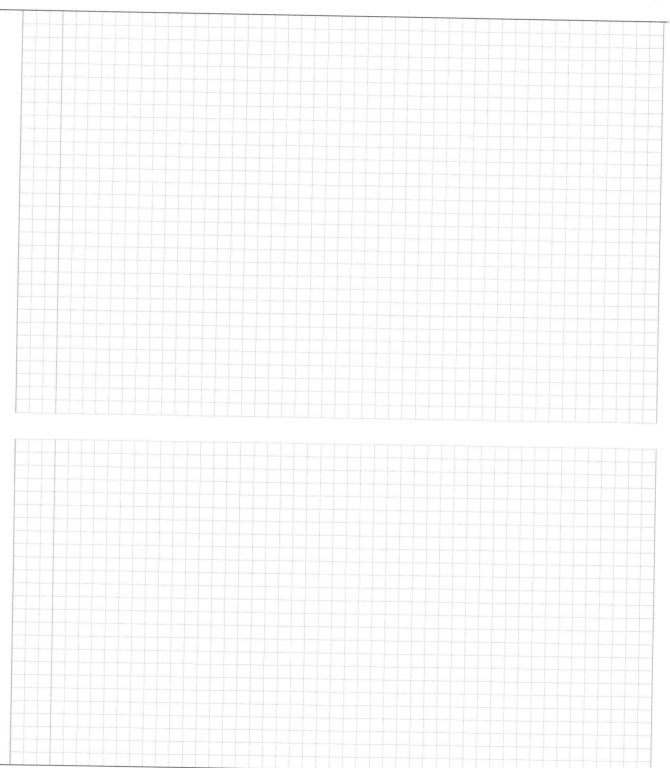

24편 [다윗의 시]

1 땅과 거기에 충만한 것과 세계와 그 가운데에 사는 자들은 다 여호와의 것이로다

2 여호와께서 그 터를 바다 위에 세우심이여 강들 위에 건설하셨도다

3 여호와의 산에 오를 자가 누구며 그의 거룩한 곳에 설 자가 누구인가

4 곧 손이 깨끗하며 마음이 청결하며 뜻을 허탄한 데에 두지 아니하며 거짓 맹세하지 아니하는 자로다

5 그는 여호와께 복을 받고 구원의 하나님께 의를 얻으리니

6 이는 여호와를 찾는 족속이요 야곱의 하나님의 얼굴을 구하는 자로다 (셀라)

7 문들아 너희 머리를 들지어다 영원한 문들아 들릴지어다 영광의 왕이 들어가시리로다

8 영광의 왕이 누구시냐 강하고 능한 여호와시요 전쟁에 능한 여호와시로다

9 문들아 너희 머리를 들지어다 영원한 문들아 들릴지어다 영광의 왕이 들어가시리로다

10 영광의 왕이 누구시냐 만군의 여호와께서 곧 영광의 왕이시로다 (셀라)

25편 [다윗의 시]

1 여호와여 나의 영혼이 주를 우러러보나이다

2 나의 하나님이여 내가 주께 의지하였사오니 나를 부끄럽지 않게 하시고 나의 원수들이 나를 이겨 개가를 부르지 못하게 하소서

3 주를 바라는 자들은 수치를 당하지 아니하려니와 까닭 없이 속이는 자들은 수치를 당하리이다

4 여호와여 주의 도를 내게 보이시고 주의 길을 내게 가르치소서

5 주의 진리로 나를 지도하시고 교훈하소서 주는 내 구원의 하나님이시니 내가 종일 주를 기다리나이다

6 여호와여 주의 긍휼하심과 인자하심이 영원부터 있었사오니 주여 이것들을 기억하옵소서

7 여호와여 내 젊은 시절의 죄와 허물을 기억하지 마시고 주의 인자하심을 따라 주께서 나를 기억하시되 주의 선하심으로 하옵소서

8 여호와는 선하시고 정직하시니 그러므로 그의 도로 죄인들을 교훈하시리로다

9 온유한 자를 정의로 지도하심이여 온유한 자에게 그의 도를 가르치시리로다

10 여호와의 모든 길은 그의 언약과 증거를 지키는 자에게 인자와 진리로다

11 여호와여 나의 죄악이 크오니 주의 이름으로 말미암아 사하소서

12 여호와를 경외하는 자 누구냐 그가 택할 길을 그에게 가르치시리로다

13 그의 영혼은 평안히 살고 그의 자손은 땅을 상속하리로다

14 여호와의 친밀하심이 그를 경외하는 자들에게 있음이여 그의 언약을 그들에게 보이시리로다

15 내 눈이 항상 여호와를 바라봄은 내 발을 그물에서 벗어나게 하실 것임이로다

16 주여 나는 외롭고 괴로우니 내게 돌이키사 나에게 은혜를 베푸소서

17 내 마음의 근심이 많사오니 나를 고난에서 끌어내소서

18 나의 곤고와 환난을 보시고 내 모든 죄를 사하소서

19 내 원수를 보소서 그들의 수가 많고 나를 심히 미워하나이다

20 내 영혼을 지켜 나를 구원하소서 내가 주께 피하오니 수치를 당하지 않게 하소서

21 내가 주를 바라오니 성실과 정직으로 나를 보호하소서

22 하나님이여 이스라엘을 그 모든 환난에서 속량하소서

[다윗의 시]

1 내가 나의 완전함에 행하였사오며 흔들리지 아니하고 여호와를 의지하였사오니 여호와여 나를 판단하소서

2 여호와여 나를 살피시고 시험하사 내 뜻과 내 양심을 단련하소서

3 주의 인자하심이 내 목전에 있나이다 내가 주의 진리 중에 행하여

4 허망한 사람과 같이 앉지 아니하였사오니 간사한 자와 동행하지도 아니하리이다

5 내가 행악자의 집회를 미워하오니 악한 자와 같이 앉지 아니하리이다

6 여호와여 내가 무죄하므로 손을 씻고 주의 제단에 두루 다니며

7 감사의 소리를 들려 주고 주의 기이한 모든 일을 말하리이다

8 여호와여 내가 주께서 계신 집과 주의 영광이 머무는 곳을 사랑하오니

9 내 영혼을 죄인과 함께, 내 생명을 살인자와 함께 거두지 마소서

10 그들의 손에 사악함이 있고 그들의 오른손에 뇌물이 가득하오나

11 나는 나의 완전함에 행하오리니 나를 속량하시고 내게 은혜를 베푸소서

12 내 발이 평탄한 데에 섰사오니 무리 가운데에서 여호와를 송축하리이다

 27편

[다윗의 시]

1 여호와는 나의 빛이요 나의 구원이시니 내가 누구를 두려워하리요 여호와는 내 생명의 능력이시니 내가 누구를 무서워하리요

2 악인들이 내 살을 먹으려고 내게로 왔으나 나의 대적들, 나의 원수들인 그들은 실족하여 넘어졌도다

3 군대가 나를 대적하여 진 칠지라도 내 마음이 두렵지 아니하며 전쟁이 일어나 나를 치려 할지라도 나는 여전히 태연하리로다

4 내가 여호와께 바라는 한 가지 일 그것을 구하리니 곧 내가 내 평생에 여호와의 집에 살면서 여호와의 아름다움을 바라보며 그의 성전에서 사모하는 그것이라

5 여호와께서 환난 날에 나를 그의 초막 속에 비밀히 지키시고 그의 장막 은밀한 곳에 나를 숨기시며 높은 바위 위에 두시리로다

6 이제 내 머리가 나를 둘러싼 내 원수 위에 들리리니 내가 그의 장막에서 즐거운 제사를 드리겠고 노래하며 여호와를 찬송하리로다

7 여호와여 내가 소리 내어 부르짖을 때에 들으시고 또한 나를 긍휼히 여기사 응답하소서

8 너희는 내 얼굴을 찾으라 하실 때에 내가 마음으로 주께 말하되 여호와여 내가 주의 얼굴을 찾으리이다 하였나이다

9 주의 얼굴을 내게서 숨기지 마시고 주의 종을 노하여 버리지 마소서 주는 나의 도움이 되셨나이다 나의 구원의 하나님이시여 나를 버리지 마시고 떠나지 마소서

10 내 부모는 나를 버렸으나 여호와는 나를 영접하시리이다

11 여호와여 주의 도를 내게 가르치시고 내 원수를 생각하셔서 평탄한 길로 나를 인도하소서

12 내 생명을 내 대적에게 맡기지 마소서 위증자와 악을 토하는 자가 일어나 나를 치려 함이니이다

13 내가 산 자들의 땅에서 여호와의 선하심을 보게 될 줄 확실히 믿었도다

14 너는 여호와를 기다릴지어다 강하고 담대하며 여호와를 기다릴지어다

28편

[다윗의 시]

1 여호와여 내가 주께 부르짖으오니 나의 반석이여 내게 귀를 막지 마소서 주께서 내게 잠잠하시면 내가 무덤에 내려가는 자와 같을까 하나이다

2 내가 주의 지성소를 향하여 나의 손을 들고 주께 부르짖을 때에 나의 간구하는 소리를 들으소서

3 악인과 악을 행하는 자들과 함께 나를 끌어내지 마옵소서 그들은 그 이웃에게 화평을 말하나 그들의 마음에는 악독이 있나이다

4 그들이 하는 일과 그들의 행위가 악한 대로 갚으시며 그들의 손이 지은 대로 그들에게 갚아 그 마땅히 받을 것으로 그들에게 갚으소서

5 그들은 여호와께서 행하신 일과 손으로 지으신 것을 생각하지 아니하므로 여호와께서 그들을 파괴하고 건설하지 아니하시리로다

6 여호와를 찬송함이여 내 간구하는 소리를 들으심이로다

7 여호와는 나의 힘과 나의 방패이시니 내 마음이 그를 의지하여 도움을 얻었도다 그러므로 내 마음이 크게 기뻐하며 내 노래로 그를 찬송하리로다

8 여호와는 그들의 힘이시요 그의 기름 부음 받은 자의 구원의 요새이시로다

9 주의 백성을 구원하시며 주의 산업에 복을 주시고 또 그들의 목자가 되시어 영원 토록 그들을 인도하소서

29편

[다윗의 시]

1 너희 권능 있는 자들아 영광과 능력을 여호와께 돌리고 돌릴지어다

2 여호와께 그의 이름에 합당한 영광을 돌리며 거룩한 옷을 입고 여호와께 예배할지어다

3 여호와의 소리가 물 위에 있도다 영광의 하나님이 우렛소리를 내시니 여호와는 많은 물 위에 계시도다

4 여호와의 소리가 힘 있음이여 여호와의 소리가 위엄차도다

5 여호와의 소리가 백향목을 꺾으심이여 여호와께서 레바논 백향목을 꺾어 부수시도다

6 그 나무를 송아지 같이 뛰게 하심이여 레바논과 시룐으로 들송아지 같이 뛰게 하시도다

7 여호와의 소리가 화염을 가르시도다

8 여호와의 소리가 광야를 진동하심이여 여호와께서 가데스 광야를 진동시키시도다

9 여호와의 소리가 암사슴을 낙태하게 하시고 삼림을 말갛게 벗기시니 그의 성전에서 그의 모든 것들이 말하기를 영광이라 하도다

10 여호와께서 홍수 때에 좌정하셨음이여 여호와께서 영원하도록 왕으로 좌정하시도다

11 여호와께서 자기 백성에게 힘을 주심이여 여호와께서 자기 백성에게 평강의 복을 주시리로다

30편

[다윗의 시, 곧 성전 낙성가]

1 여호와여 내가 주를 높일 것은 주께서 나를 끌어내사 내 원수로 하여금 나로 말미암 아 기뻐하지 못하게 하심이니이다

2 여호와 내 하나님이여 내가 주께 부르짖으매 나를 고치셨나이다

3 여호와여 주께서 내 영혼을 스올에서 끌어내어 나를 살리사 무덤으로 내려가지 아니하게 하셨나이다

4 주의 성도들아 여호와를 찬송하며 그의 거룩함을 기억하며 감사하라

5 그의 노염은 잠깐이요 그의 은총은 평생이로다 저녁에는 울음이 깃들일지라도 아침에는 기쁨이 오리로다

6 내가 형통할 때에 말하기를 영원히 흔들리지 아니하리라 하였도다

7 여호와여 주의 은혜로 나를 산 같이 굳게 세우셨더니 주의 얼굴을 가리시매 내가 근심하였나이다

8 여호와여 내가 주께 부르짖고 여호와께 간구하기를

9 내가 무덤에 내려갈 때에 나의 피가 무슨 유익이 있으리요 진토가 어떻게 주를 찬송하며 주의 진리를 선포하리이까

10 여호와여 들으시고 내게 은혜를 베푸소서 여호와여 나를 돕는 자가 되소서 하였나이다

11 주께서 나의 슬픔이 변하여 내게 춤이 되게 하시며 나의 베옷을 벗기고 기쁨으로 띠 띠우셨나이다

12 이는 잠잠하지 아니하고 내 영광으로 주를 찬송하게 하심이니 여호와 나의 하나님이여 내가 주께 영원히 감사하리이다

[다윗의 시, 인도자를 따라 부르는 노래]

1 여호와여 내가 주께 피하오니 나를 영원히 부끄럽게 하지 마시고 주의 공의로 나를 건지소서

2 내게 귀를 기울여 속히 건지시고 내게 견고한 바위와 구원하는 산성이 되소서

3 주는 나의 반석과 산성이시니 그러므로 주의 이름을 생각하셔서 나를 인도하시고 지도하소서

4 그들이 나를 위하여 비밀히 친 그물에서 빼내소서 주는 나의 산성이시니이다

5 내가 나의 영을 주의 손에 부탁하나이다 진리의 하나님 여호와여 나를 속량하셨나이다

6 내가 허탄한 거짓을 숭상하는 자들을 미워하고 여호와를 의지하나이다

7 내가 주의 인자하심을 기뻐하며 즐거워할 것은 주께서 나의 고난을 보시고 환난 중에 있는 내 영혼을 아셨으며

8 나를 원수의 수중에 가두지 아니하셨고 내 발을 넓은 곳에 세우셨음이니이다

9 여호와여 내가 고통 중에 있사오니 내게 은혜를 베푸소서 내가 근심 때문에 눈과 영혼과 몸이 쇠하였나이다

10 내 일생을 슬픔으로 보내며 나의 연수를 탄식으로 보냄이여 내 기력이 나의 죄악 때문에 약하여지며 나의 뼈가 쇠하도소이다

11 내가 모든 대적들 때문에 욕을 당하고 내 이웃에게서는 심히 당하니 내 친구가 놀라고 길에서 보는 자가 나를 피하였나이다

12 내가 잊어버린 바 됨이 죽은 자를 마음에 두지 아니함 같고 깨진 그릇과 같으니이다

13 내가 무리의 비방을 들었으므로 사방이 두려움으로 감싸였나이다 그들이 나를 치려고 함께 의논할 때에 내 생명을 빼앗기로 꾀하였나이다

14 여호와여 그러하여도 나는 주께 의지하고 말하기를 주는 내 하나님이시라 하였나이다

15 나의 앞날이 주의 손에 있사오니 내 원수들과 나를 핍박하는 자들의 손에서 나를 건져 주소서

16 주의 얼굴을 주의 종에게 비추시고 주의 사랑하심으로 나를 구원하소서

17 여호와여 내가 주를 불렀사오니 나를 부끄럽게 하지 마시고 악인들을 부끄럽게 하사 스올에서 잠잠하게 하소서

18 교만하고 완악한 말로 무례히 의인을 치는 거짓 입술이 말 못하는 자 되게 하소서

19 주를 두려워하는 자를 위하여 쌓아 두신 은혜 곧 주께 피하는 자를 위하여 인생 앞에 베푸신 은혜가 어찌 그리 큰지요

20 주께서 그들을 주의 은밀한 곳에 숨기사 사람의 꾀에서 벗어나게 하시고 비밀히 장막에 감추사 말 다툼에서 면하게 하시리이다

21 여호와를 찬송할지어다 견고한 성에서 그의 놀라운 사랑을 내게 보이셨음이로다

22 내가 놀라서 말하기를 주의 목전에서 끊어졌다 하였사오나 내가 주께 부르짖을 때에 주께서 나의 간구하는 소리를 들으셨나이다

23 너희 모든 성도들아 여호와를 사랑하라 여호와께서 진실한 자를 보호하시고 교만하게 행하는 자에게 엄중히 갚으시느니라

24 여호와를 바라는 너희들아 강하고 담대하라

[다윗의 마스길]

1 허물의 사함을 받고 자신의 죄가 가려진 자는 복이 있도다

2 마음에 간사함이 없고 여호와께 정죄를 당하지 아니하는 자는 복이 있도다

3 내가 입을 열지 아니할 때에 종일 신음하므로 내 뼈가 쇠하였도다

4 주의 손이 주야로 나를 누르시오니 내 진액이 빠져서 여름 가뭄에 마름 같이 되었나이다(셀라)

5 내가 이르기를 내 허물을 여호와께 자복하리라 하고 주께 내 죄를 아뢰고 내 죄악을 숨기지 아니하였더니 곧 주께서 내 죄악을 사하셨나이다(셀라)

6 이로 말미암아 모든 경건한 자는 주를 만날 기회를 얻어서 주께 기도할지라 진실로 홍수가 범람할지라도 그에게 미치지 못하리이다

7 주는 나의 은신처이오니 환난에서 나를 보호하시고 구원의 노래로 나를 두르시리이다(셀라)

8 내가 네 갈 길을 가르쳐 보이고 너를 주목하여 훈계하리로다

9 너희는 무지한 말이나 노새 같이 되지 말지어다 그것들은 재갈과 굴레로 단속하지 아니하면 너희에게 가까이 가지 아니하리로다

10 악인에게는 많은 슬픔이 있으나 여호와를 신뢰하는 자에게는 인자하심이 두르리로다

11 너희 의인들아 여호와를 기뻐하며 즐거워할지어다 마음이 정직한 너희들아 다 즐거이 외칠지어다

33편

1 너희 의인들아 여호와를 즐거워하라 찬송은 정직한 자들이 마땅히 할 바로다

2 수금으로 여호와께 감사하고 열 줄 비파로 찬송할지어다

3 새 노래로 그를 노래하며 즐거운 소리로 아름답게 연주할지어다

4 여호와의 말씀은 정직하며 그가 행하시는 일은 다 진실하시도다

5 그는 공의와 정의를 사랑하심이여 세상에는 여호와의 인자하심이 충만하도다

6 여호와의 말씀으로 하늘이 지음이 되었으며 그 만상을 그의 입 기운으로 이루었도다

7 그가 바닷물을 모아 무더기 같이 쌓으시며 깊은 물을 곳간에 두시도다

8 온 땅은 여호와를 두려워하며 세상의 모든 거민들은 그를 경외할지어다

9 그가 말씀하시매 이루어졌으며 명령하시매 견고히 섰도다

10 여호와께서 나라들의 계획을 폐하시며 민족들의 사상을 무효하게 하시도다

11 여호와의 계획은 영원히 서고 그의 생각은 대대에 이르리로다

12 여호와를 자기 하나님으로 삼은 나라 곧 하나님의 기업으로 선택된 백성은 복이 있도다

13 여호와께서 하늘에서 굽어보사 모든 인생을 살피심이여

14 곧 그가 거하시는 곳에서 세상의 모든 거민들을 굽어살피시는도다

15 그는 그들 모두의 마음을 지으시며 그들이 하는 일을 굽어살피시는 이로다

16 많은 군대로 구원 얻은 왕이 없으며 용사가 힘이 세어도 스스로 구원하지 못하는도다

17 구원하는 데에 군마는 헛되며 군대가 많다 하여도 능히 구하지 못하는도다

18 여호와는 그를 경외하는 자 곧 그의 인자하심을 바라는 자를 살피사

19 그들의 영혼을 사망에서 건지시며 그들이 굶주릴 때에 그들을 살리시는도다

20 우리 영혼이 여호와를 바람이여 그는 우리의 도움과 방패시로다

21 우리 마음이 그를 즐거워함이여 우리가 그의 성호를 의지하였기 때문이로다

22 여호와여 우리가 주께 바라는 대로 주의 인자하심을 우리에게 베푸소서

34편

[다윗이 아비멜렉 앞에서 미친 체하다가 쫓겨나서 지은 시]

1 내가 여호와를 항상 송축함이여 내 입술로 항상 주를 찬양하리이다

2 내 영혼이 여호와를 자랑하리니 곤고한 자들이 이를 듣고 기뻐하리로다

3 나와 함께 여호와를 광대하시다 하며 함께 그의 이름을 높이세

4 내가 여호와께 간구하매 내게 응답하시고 내 모든 두려움에서 나를 건지셨도다

5 그들이 주를 앙망하고 광채를 내었으니 그들의 얼굴은 부끄럽지 아니하리로다

6 이 곤고한 자가 부르짖으매 여호와께서 들으시고 그의 모든 환난에서 구원하셨도다

7 여호와의 천사가 주를 경외하는 자를 둘러 진 치고 그들을 건지시는도다

8 너희는 여호와의 선하심을 맛보아 알지어다 그에게 피하는 자는 복이 있도다

9 너희 성도들아 여호와를 경외하라 그를 경외하는 자에게는 부족함이 없도다

10 젊은 사자는 궁핍하여 주릴지라도 여호와를 찾는 자는 모든 좋은 것에 부족함이 없으리로다

11 너희 자녀들아 와서 내 말을 들으라 내가 여호와를 경외하는 법을 너희에게 가르치리로다

12 생명을 사모하고 연수를 사랑하여 복 받기를 원하는 사람이 누구뇨

13 네 혀를 악에서 금하며 네 입술을 거짓말에서 금할지어다

14 악을 버리고 선을 행하며 화평을 찾아 따를지어다

15 여호와의 눈은 의인을 향하시고 그의 귀는 그들의 부르짖음에 기울이시는도다

16 여호와의 얼굴은 악을 행하는 자를 향하사 그들의 자취를 땅에서 끊으려 하시는도다

17 의인이 부르짖으매 여호와께서 들으시고 그들의 모든 환난에서 건지셨도다

18 여호와는 마음이 상한 자를 가까이 하시고 충심으로 통회하는 자를 구원하시는도다

19 의인은 고난이 많으나 여호와께서 그의 모든 고난에서 건지시는도다

20 그의 모든 뼈를 보호하심이여 그 중에서 하나도 꺾이지 아니하도다

21 악이 악인을 죽일 것이라 의인을 미워하는 자는 벌을 받으리로다

22 여호와께서 그의 종들의 영혼을 속량하시나니 그에게 피하는 자는 다 벌을 받지 아니하리로다

35편

[다윗의 시]

1 여호와여 나와 다투는 자와 다투시고 나와 싸우는 자와 싸우소서

2 방패와 손 방패를 잡으시고 일어나 나를 도우소서

3 창을 빼사 나를 쫓는 자의 길을 막으시고 또 내 영혼에게 나는 네 구원이라 이르소서

4 내 생명을 찾는 자들이 부끄러워 수치를 당하게 하시며 나를 상해하려 하는 자들이 물러가 낭패를 당하게 하소서

5 그들을 바람 앞에 겨와 같게 하시고 여호와의 천사가 그들을 몰아내게 하소서

6 그들의 길을 어둡고 미끄럽게 하시며 여호와의 천사가 그들을 뒤쫓게 하소서

7 그들이 까닭 없이 나를 잡으려고 그들의 그물을 웅덩이에 숨기며 까닭 없이 내 생명을 해하려고 함정을 팠사오니

8 멸망이 순식간에 그에게 닥치게 하시며 그가 숨긴 그물에 자기가 잡히게 하시며 멸망 중에 떨어지게 하소서

9 내 영혼이 여호와를 즐거워함이여 그의 구원을 기뻐하리로다

10 내 모든 뼈가 이르기를 여호와와 같은 이가 누구냐 그는 가난한 자를 그보다 강한 자에게서 건지시고 가난하고 궁핍한 자를 노략하는 자에게서 건지시는 이라 하리로다

11 불의한 증인들이 일어나서 내가 알지 못하는 일로 내게 질문하며

12 내게 선을 악으로 갚아 나의 영혼을 외롭게 하나

13 나는 그들이 병 들었을 때에 굵은 베 옷을 입으며 금식하여 내 영혼을 괴롭게 하였더니 내 기도가 내 품으로 돌아왔도다

14 내가 나의 친구와 형제에게 행함 같이 그들에게 행하였으며 내가 몸을 굽히고 슬퍼하기를 어머니를 곡함 같이 하였도다

15 그러나 내가 넘어지매 그들이 기뻐하여 서로 모임이여 불량배가 내가 알지 못하는 중에 모여서 나를 치며 찢기를 마지아니하도다

16 그들은 연회에서 망령되이 조롱하는 자 같이 나를 향하여 그들의 이를 갈도다

17 주여 어느 때까지 관망하시려 하나이까 내 영혼을 저 멸망자에게서 구원하시며 내 유일한 것을 사자들에게서 건지소서

18 내가 대회 중에서 주께 감사하며 많은 백성 중에서 주를 찬송하리이다

19 부당하게 나의 원수된 자가 나로 말미암아 기뻐하지 못하게 하시며 까닭 없이 나를 미워하는 자들이 서로 눈짓하지 못하게 하소서

20 무릇 그들은 화평을 말하지 아니하고 오히려 평안히 땅에 사는 자들을 거짓말로 모략하며

21 또 그들이 나를 향하여 입을 크게 벌리고 하하 우리가 목격하였다 하나이다

22 여호와여 주께서 이를 보셨사오니 잠잠하지 마옵소서 주여 나를 멀리하지 마옵소서

23 나의 하나님, 나의 주여 떨치고 깨서서 나를 공판하시며 나의 송사를 다스리소서

24 여호와 나의 하나님이여 주의 공의대로 나를 판단하사 그들이 나로 말미암아 기뻐하지 못하게 하소서

25 그들이 마음속으로 이르기를 아하 소원을 성취하였다 하지 못하게 하시며 우리가 그를 삼켰다 말하지 못하게 하소서

26 나의 재난을 기뻐하는 자들이 함께 부끄러워 낭패를 당하게 하시며 나를 향하여 스스로 뽐내는 자들이 수치와 욕을 당하게 하소서

27 나의 의를 즐거워하는 자들이 기꺼이 노래 부르고 즐거워하게 하시며 그의 종의 평안함을 기뻐하시는 여호와는 위대하시다 하는 말을 그들이 항상 말하게 하소서

28 나의 혀가 주의 의를 말하며 종일토록 주를 찬송하리이다

[여호와의 종 다윗의 시, 인도자를 따라 부르는 노래]

1 악인의 죄가 그의 마음속으로 이르기를 그의 눈에는 하나님을 두려워하는 빛이 없다 하니

2 그가 스스로 자랑하기를 자기의 죄악은 드러나지 아니하고 미워함을 받지도 아니하리라 함이로다

3 그의 입에서 나오는 말은 죄악과 속임이라 그는 지혜와 선행을 그쳤도다

4 그는 그의 침상에서 죄악을 꾀하며 스스로 악한 길에 서고 악을 거절하지 아니하는도다

5 여호와여 주의 인자하심이 하늘에 있고 주의 진실하심이 공중에 사무쳤으며

6 주의 의는 하나님의 산들과 같고 주의 심판은 큰 바다와 같으니이다 여호와여 주는 사람과 짐승을 구하여 주시나이다

7 하나님이여 주의 인자하심이 어찌 그리 보배로우신지요 사람들이 주의 날개 그늘 아래에 피하나이다

8 그들이 주의 집에 있는 살진 것으로 풍족할 것이라 주께서 주의 복락의 강물을 마시게 하시리이다

9 진실로 생명의 원천이 주께 있사오니 주의 빛 안에서 우리가 빛을 보리이다

10 주를 아는 자들에게 주의 인자하심을 계속 베푸시며 마음이 정직한 자에게 주의 공의를 베푸소서

11 교만한 자의 발이 내게 이르지 못하게 하시며 악인들의 손이 나를 쫓아내지 못하게 하소서

12 악을 행하는 자들이 거기서 넘어졌으니 엎드러지고 다시 일어날 수 없으리이다

37편

[다윗의 시]

1 악을 행하는 자들 때문에 불평하지 말며 불의를 행하는 자들을 시기하지 말지어다

2 그들은 풀과 같이 속히 베임을 당할 것이며 푸른 채소 같이 쇠잔할 것임이로다

3 여호와를 의뢰하고 선을 행하라 땅에 머무는 동안 그의 성실을 먹을 거리로 삼을지어다

4 또 여호와를 기뻐하라 그가 네 마음의 소원을 네게 이루어 주시리로다

5 네 길을 여호와께 맡기라 그를 의지하면 그가 이루시고

6 네 의를 빛 같이 나타내시며 네 공의를 정오의 빛 같이 하시리로다

7 여호와 앞에 잠잠하고 참고 기다리라 자기 길이 형통하며 악한 꾀를 이루는 자 때문에 불평하지 말지어다

8 분을 그치고 노를 버리며 불평하지 말라 오히려 악을 만들 뿐이라

9 진실로 악을 행하는 자들은 끊어질 것이나 여호와를 소망하는 자들은 땅을 차지하리로다

10 잠시 후에는 악인이 없어지리니 네가 그 곳을 자세히 살필지라도 없으리로다

11 그러나 온유한 자들은 땅을 차지하며 풍성한 화평으로 즐거워하리로다

12 악인이 의인 치기를 꾀하고 그를 향하여 그의 이를 가는도다

13 그러나 주께서 그를 비웃으시리니 그의 날이 다가옴을 보심이로다

14 악인이 칼을 빼고 활을 당겨 가난하고 궁핍한 자를 엎드러뜨리며 행위가 정직한 자를 죽이고자 하나

15 그들의 칼은 오히려 그들의 양심을 찌르고 그들의 활은 부러지리로다

16 의인의 적은 소유가 악인의 풍부함보다 낫도다

17 악인의 팔은 부러지나 의인은 여호와께서 붙드시는도다

18 여호와께서 온전한 자의 날을 아시나니 그들의 기업은 영원하리로다

19 그들은 환난 때에 부끄러움을 당하지 아니하며 기근의 날에도 풍족할 것이나

20 악인들은 멸망하고 여호와의 원수들은 어린 양의 기름 같이 타서 연기가 되어 없어지리로다

21 악인은 꾸고 갚지 아니하나 의인은 은혜를 베풀고 주는도다

22 주의 복을 받은 자들은 땅을 차지하고 주의 저주를 받은 자들은 끊어지리로다

23 여호와께서 사람의 걸음을 정하시고 그의 길을 기뻐하시나니

24 그는 넘어지나 아주 엎드러지지 아니함은 여호와께서 그의 손으로 붙드심이로다

25 내가 어려서부터 늙기까지 의인이 버림을 당하거나 그의 자손이 걸식함을 보지 못하였도다

26 그는 종일토록 은혜를 베풀고 꾸어 주니 그의 자손이 복을 받는도다

27 악에서 떠나 선을 행하라 그리하면 영원히 살리니

28 여호와께서 정의를 사랑하시고 그의 성도를 버리지 아니하심이로다 그들은 영원히 보호를 받으나 악인의 자손은 끊어지리로다

29 의인이 땅을 차지함이여 거기서 영원히 살리로다

30 의인의 입은 지혜로우며 그의 혀는 정의를 말하며

31 그의 마음에는 하나님의 법이 있으니 그의 걸음은 실족함이 없으리로다

32 악인이 의인을 엿보아 살해할 기회를 찾으나

33 여호와는 그를 악인의 손에 버려 두지 아니하시고 재판 때에도 정죄하지 아니하시리로다

34 여호와를 바라고 그의 도를 지키라 그리하면 네가 땅을 차지하게 하실 것이라 악인이 끊어질 때에 네가 똑똑히 보리로다

35 내가 악인의 큰 세력을 본즉 그 본래의 땅에 서 있는 나무 잎이 무성함과 같으나

36 내가 지나갈 때에 그는 없어졌나니 내가 찾아도 발견하지 못하였도다

37 온전한 사람을 살피고 정직한 자를 볼지어다 모든 화평한 자의 미래는 평안이로다

38 범죄자들은 함께 멸망하리니 악인의 미래는 끊어질 것이나

39 의인들의 구원은 여호와로부터 오나니 그는 환난 때에 그들의 요새이시로다

40 여호와께서 그들을 도와 건지시되 악인들에게서 건져 구원하심은 그를 의지한 까닭이로다

38편

[다윗의 기념하는 시]

1 여호와여 주의 노하심으로 나를 책망하지 마시고 주의 분노하심으로 나를 징계하지 마소서

2 주의 화살이 나를 찌르고 주의 손이 나를 심히 누르시나이다

3 주의 진노로 말미암아 내 살에 성한 곳이 없사오며 나의 죄로 말미암아 내 뼈에 평안함이 없나이다

4 내 죄악이 내 머리에 넘쳐서 무거운 짐 같으니 내가 감당할 수 없나이다

5 내 상처가 썩어 악취가 나오니 내가 우매한 까닭이로소이다

6 내가 아프고 심히 구부러졌으며 종일토록 슬픔 중에 다니나이다

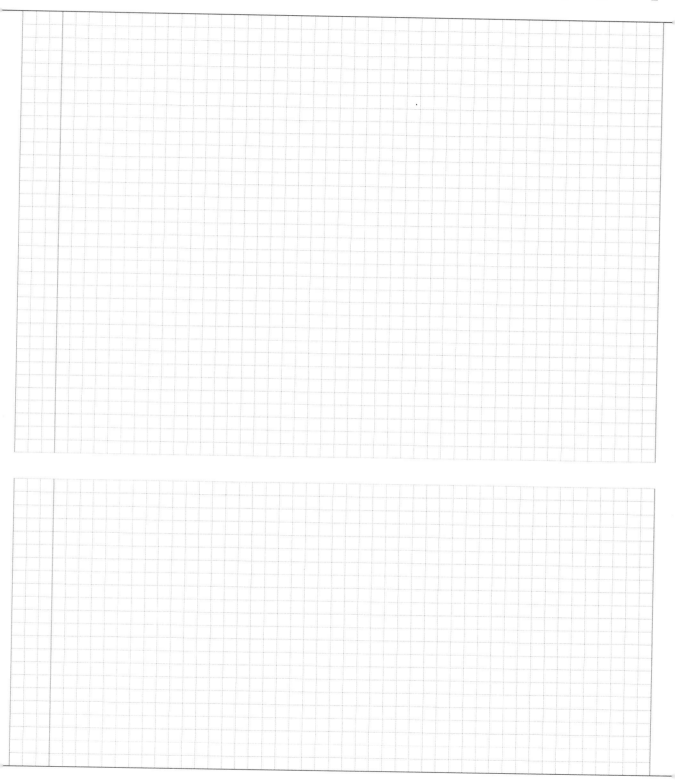

7 내 허리에 열기가 가득하고 내 살에 성한 곳이 없나이다

8 내가 피곤하고 심히 상하였으매 마음이 불안하여 신음하나이다

9 주여 나의 모든 소원이 주 앞에 있사오며 나의 탄식이 주 앞에 감추이지 아니하나이다

10 내 심장이 뛰고 내 기력이 쇠하여 내 눈의 빛도 나를 떠났나이다

11 내가 사랑하는 자와 내 친구들이 내 상처를 멀리하고 내 친척들도 멀리 섰나이다

12 내 생명을 찾는 자가 올무를 놓고 나를 해하려는 자가 괴악한 일을 말하여 종일토록 음모를 꾸미오나

13 나는 못 듣는 자 같이 듣지 아니하고 말 못하는 자 같이 입을 열지 아니하오니

14 나는 듣지 못하는 자 같아서 내 입에는 반박할 말이 없나이다

15 여호와여 내가 주를 바랐사오니 내 주 하나님이 내게 응답하시리이다

16 내가 말하기를 두렵건대 그들이 나 때문에 기뻐하며 내가 실족할 때에 나를 향하여 스스로 교만할까 하였나이다

17 내가 넘어지게 되었고 나의 근심이 항상 내 앞에 있사오니

18 내 죄악을 아뢰고 내 죄를 슬퍼함이니이다

19 내 원수가 활발하며 강하고 부당하게 나를 미워하는 자가 많으며

20 또 악으로 선을 대신하는 자들이 내가 선을 따른다는 것 때문에 나를 대적하나이다

21 여호와여 나를 버리지 마소서 나의 하나님이여 나를 멀리하지 마소서

22 속히 나를 도우소서 주 나의 구원이시여

[다윗의 시, 인도자를 따라 여두둔 형식으로 부르는 노래]

1 내가 말하기를 나의 행위를 조심하여 내 혀로 범죄하지 아니하리니 악인이 내 앞에 있을 때에 내가 내 입에 재갈을 먹이리라 하였도다

2 내가 잠잠하여 선한 말도 하지 아니하니 나의 근심이 더 심하도다

3 내 마음이 내 속에서 뜨거워서 작은 소리로 읊조릴 때에 불이 붙으니 나의 혀로 말하기를

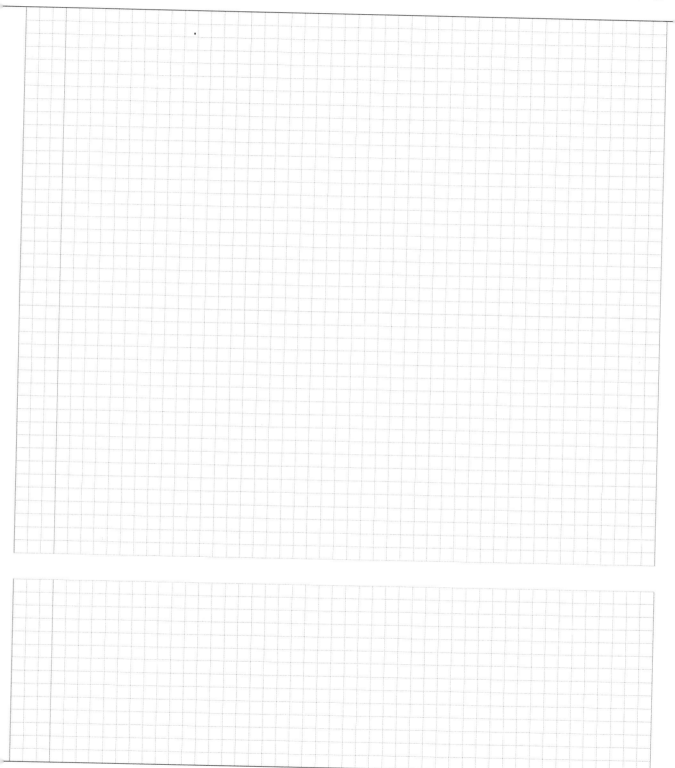

4 여호와여 나의 종말과 연한이 언제까지인지 알게 하사 내가 나의 연약함을 알게 하소서

5 주께서 나의 날을 한 뼘 길이만큼 되게 하시매 나의 일생이 주 앞에는 없는 것 같사오니 사람은 그가 든든히 서 있는 때에도 진실로 모두가 허사뿐이니이다 (셀라)

6 진실로 각 사람은 그림자 같이 다니고 헛된 일로 소란하며 재물을 쌓으나 누가 거둘는지 알지 못하나이다

7 주여 이제 내가 무엇을 바라리요 나의 소망은 주께 있나이다

8 나를 모든 죄에서 건지시며 우매한 자에게서 욕을 당하지 아니하게 하소서

9 내가 잠잠하고 입을 열지 아니함은 주께서 이를 행하신 까닭이니이다

10 주의 징벌을 나에게서 옮기소서 주의 손이 치심으로 내가 쇠망하였나이다

11 주께서 죄악을 책망하사 사람을 징계하실 때에 그 영화를 좀먹음 같이 소멸하게 하시니 참으로 인생이란 모두 헛될 뿐이니이다 (셀라)

12 여호와여 나의 기도를 들으시며 나의 부르짖음에 귀를 기울이소서 내가 눈물 흘릴 때에 잠잠하지 마옵소서 나는 주와 함께 있는 나그네이며 나의 모든 조상들처럼 떠도나이다

13 주는 나를 용서하사 내가 떠나 없어지기 전에 나의 건강을 회복시키소서

 40편

[다윗의 시, 인도자를 따라 부르는 노래]

1 내가 여호와를 기다리고 기다렸더니 귀를 기울이사 나의 부르짖음을 들으셨도다

2 나를 기가 막힐 웅덩이와 수렁에서 끌어올리시고 내 발을 반석 위에 두사 내 걸음을 견고하게 하셨도다

3 새 노래 곧 우리 하나님께 올릴 찬송을 내 입에 두셨으니 많은 사람이 보고 두려워하여 여호와를 의지하리로다

4 여호와를 의지하고 교만한 자와 거짓에 치우치는 자를 돌아보지 아니하는 자는 복이 있도다

5 여호와 나의 하나님이여 주께서 행하신 기적이 많고 우리를 향하신 주의 생각도 많아 누구도 주와 견줄 수가 없나이다 내가 널리 알려 말하고자 하나 너무 많아 그 수를 셀 수도 없나이다

6 주께서 내 귀를 통하여 내게 들려 주시기를 제사와 예물을 기뻐하지 아니하시며 번제와 속죄제를 요구하지 아니하신다 하신지라

7 그 때에 내가 말하기를 내가 왔나이다 나를 가리켜 기록한 것이 두루마리 책에 있나이다

8 나의 하나님이여 내가 주의 뜻 행하기를 즐기오니 주의 법이 나의 심중에 있나이다 하였나이다

9 내가 많은 회중 가운데에서 의의 기쁜 소식을 전하였나이다 여호와여 내가 내 입술을 닫지 아니할 줄을 주께서 아시나이다

10 내가 주의 공의를 내 심중에 숨기지 아니하고 주의 성실과 구원을 선포하였으며 내가 주의 인자와 진리를 많은 회중 가운데에서 감추지 아니하였나이다

11 여호와여 주의 긍휼을 내게서 거두지 마시고 주의 인자와 진리로 나를 항상 보호하소서

12 수많은 재앙이 나를 둘러싸고 나의 죄악이 나를 덮치므로 우러러볼 수도 없으며 죄가 나의 머리털보다 많으므로 내가 낙심하였음이니이다

13 여호와여 은총을 베푸사 나를 구원하소서 여호와여 속히 나를 도우소서

14 내 생명을 찾아 멸하려 하는 자는 다 수치와 낭패를 당하게 하시며 나의 해를 기뻐하는 자는 다 물러가 욕을 당하게 하소서

15 나를 향하여 하하 하하 하며 조소하는 자들이 자기 수치로 말미암아 놀라게 하소서

16 주를 찾는 자는 다 주 안에서 즐거워하고 기뻐하게 하시며 주의 구원을 사랑하는 자는 항상 말하기를 여호와는 위대하시다 하게 하소서

17 나는 가난하고 궁핍하오나 주께서는 나를 생각하시오니 주는 나의 도움이시요 나를 건지시는 이시라 나의 하나님이여 지체하지 마소서

41편

[다윗의 시, 인도자를 따라 부르는 노래]

1 가난한 자를 보살피는 자에게 복이 있음이여 재앙의 날에 여호와께서 그를 건지시리로다

2 여호와께서 그를 지키사 살게 하시리니 그가 이 세상에서 복을 받을 것이라 주여 그를 그 원수들의 뜻에 맡기지 마소서

3 여호와께서 그를 병상에서 붙드시고 그가 누워 있을 때마다 그의 병을 고쳐 주시나이다

4 내가 말하기를 여호와여 내게 은혜를 베푸소서 내가 주께 범죄하였사오니 나를 고치소서 하였나이다

5 나의 원수가 내게 대하여 악담하기를 그가 어느 때에나 죽고 그의 이름이 언제나 없어질까 하며

6 나를 보러 와서는 거짓을 말하고 그의 중심에 악을 쌓았다가 나가서는 이를 널리 선포하오며

7 나를 미워하는 자가 다 하나같이 내게 대하여 수군거리고 나를 해하려고 꾀하며

8 이르기를 악한 병이 그에게 들었으니 이제 그가 눕고 다시 일어나지 못하리라 하오며

9 내가 신뢰하여 내 떡을 나눠 먹던 나의 가까운 친구도 나를 대적하여 그의 발꿈치를 들었나이다

10 그러하오나 주 여호와여 내게 은혜를 베푸시고 나를 일으키사 내가 그들에게 보응하게 하소서 이로써

11 내 원수가 나를 이기지 못하오니 주께서 나를 기뻐하시는 줄을 내가 알았나이다

12 주께서 나를 온전한 중에 붙드시고 영원히 주 앞에 세우시나이다

13 이스라엘의 하나님 여호와를 영원부터 영원까지 송축할지로다 아멘 아멘

제이권

42편

[고라 자손의 마스길, 인도자를 따라 부르는 노래]

1 하나님이여 사슴이 시냇물을 찾기에 갈급함 같이 내 영혼이 주를 찾기에 갈급하니이다

2 내 영혼이 하나님 곧 살아 계시는 하나님을 갈망하나니 내가 어느 때에 나아가서 하나님의 얼굴을 뵈올까

3 사람들이 종일 내게 하는 말이 네 하나님이 어디 있느뇨 하오니 내 눈물이 주야로 내 음식이 되었도다

4 내가 전에 성일을 지키는 무리와 동행하여 기쁨과 감사의 소리를 내며 그들을 하나님의 집으로 인도하였더니 이제 이 일을 기억하고 내 마음이 상하는도다

5 내 영혼아 네가 어찌하여 낙심하며 어찌하여 내 속에서 불안해 하는가 너는 하나님께 소망을 두라 그가 나타나 도우심으로 말미암아 내가 여전히 찬송하리로다

6 내 하나님이여 내 영혼이 내 속에서 낙심이 되므로 내가 요단 땅과 헤르몬과 미살 산에서 주를 기억하나이다

7 주의 폭포 소리에 깊은 바다가 서로 부르며 주의 모든 파도와 물결이 나를 휩쓸었나이다

8 낮에는 여호와께서 그의 인자하심을 베푸시고 밤에는 그의 찬송이 내게 있어 생명의 하나님께 기도하리로다

9 내 반석이신 하나님께 말하기를 어찌하여 나를 잊으셨나이까 내가 어찌하여 원수의 압제로 말미암아 슬프게 다니나이까 하리로다

10 내 뼈를 찌르는 칼 같이 내 대적이 나를 비방하여 늘 내게 말하기를 네 하나님이 어디 있느냐 하도다

11 내 영혼아 네가 어찌하여 낙심하며 어찌하여 내 속에서 불안해 하는가 너는 하나님께 소망을 두라 나는 그가 나타나 도우심으로 말미암아 내 하나님을 여전히 찬송하리로다

1 하나님이여 나를 판단하시되 경건하지 아니한 나라에 대하여 내 송사를 변호하시며 간사하고 불의한 자에게서 나를 건지소서

2 주는 나의 힘이 되신 하나님이시거늘 어찌하여 나를 버리셨나이까 내가 어찌하여 원수의 억압으로 말미암아 슬프게 다니나이까

3 주의 빛과 주의 진리를 보내시어 나를 인도하시고 주의 거룩한 산과 주께서 계시는 곳에 이르게 하소서

4 그런즉 내가 하나님의 제단에 나아가 나의 큰 기쁨의 하나님께 이르리이다 하나님이여 나의 하나님이여 내가 수금으로 주를 찬양하리이다

5 내 영혼아 네가 어찌하여 낙심하며 어찌하여 내 속에서 불안해 하는가 너는 하나님께 소망을 두라 그가 나타나 도우심으로 말미암아 내 하나님을 여전히 찬송하리로다

[고라 자손의 마스길, 인도자를 따라 부르는 노래]

1 하나님이여 주께서 우리 조상들의 날 곧 옛날에 행하신 일을 그들이 우리에게 일러 주매 우리가 우리 귀로 들었나이다

2 주께서 주의 손으로 뭇 백성을 내쫓으시고 우리 조상들을 이 땅에 뿌리 박게 하시며 주께서 다른 민족들은 고달프게 하시고 우리 조상들은 번성하게 하셨나이다

3 그들이 자기 칼로 땅을 얻어 차지함이 아니요 그들의 팔이 그들을 구원함도 아니라 오직 주의 오른손과 주의 팔과 주의 얼굴의 빛으로 하셨으니 주께서 그들을 기뻐하신 까닭이니이다

4 하나님이여 주는 나의 왕이시니 야곱에게 구원을 베푸소서

5 우리가 주를 의지하여 우리 대적을 누르고 우리를 치러 일어나는 자를 주의 이름으로 밟으리이다

6 나는 내 활을 의지하지 아니할 것이라 내 칼이 나를 구원하지 못하리이다

7 오직 주께서 우리를 우리 원수들에게서 구원하시고 우리를 미워하는 자로 수치를 당하게 하셨나이다

8 우리가 종일 하나님을 자랑하였나이다 우리는 하나님의 이름에 영원히 감사하리이다(셀라)

9 그러나 이제는 주께서 우리를 버려 욕을 당하게 하시고 우리 군대와 함께 나아가지 아니하시나이다

10 주께서 우리를 대적들에게서 돌아서게 하시니 우리를 미워하는 자가 자기를 위하여 탈취하였나이다

11 주께서 우리를 잡아먹힐 양처럼 그들에게 넘겨 주시고 여러 민족 중에 우리를 흩으셨나이다

12 주께서 주의 백성을 헐값으로 파심이여 그들을 판 값으로 이익을 얻지 못하셨나이다

13 주께서 우리로 하여금 이웃에게 욕을 당하게 하시니 그들이 우리를 둘러싸고 조소하고 조롱하나이다

14 주께서 우리를 뭇 백성 중에 이야기 거리가 되게 하시며 민족 중에서 머리 흔듦을 당하게 하셨나이다

15 나의 능욕이 종일 내 앞에 있으며 수치가 내 얼굴을 덮었으니

16 나를 비방하고 욕하는 소리 때문이요 나의 원수와 나의 복수자 때문이니이다

17 이 모든 일이 우리에게 임하였으나 우리가 주를 잊지 아니하며 주의 언약을 어기지 아니하였나이다

18 우리의 마음은 위축되지 아니하고 우리 걸음도 주의 길을 떠나지 아니하였으나

19 주께서 우리를 승냥이의 처소에 밀어 넣으시고 우리를 사망의 그늘로 덮으셨나이다

20 우리가 우리 하나님의 이름을 잊어버렸거나 우리 손을 이방 신에게 향하여 폈더면

21 하나님이 이를 알아내지 아니하셨으리이까 무릇 주는 마음의 비밀을 아시나이다

22 우리가 종일 주를 위하여 죽임을 당하게 되며 도살할 양 같이 여김을 받았나이다

23 주여 깨소서 어찌하여 주무시나이까 일어나시고 우리를 영원히 버리지 마소서

24 어찌하여 주의 얼굴을 가리시고 우리의 고난과 압제를 잊으시나이까

25 우리 영혼은 진토 속에 파묻히고 우리 몸은 땅에 붙었나이다

26 일어나 우리를 도우소서 주의 인자하심으로 말미암아 우리를 구원하소서

45편

[고라 자손의 마스길, 사랑의 노래, 인도자를 따라 소산님에 맞춘 것]

1 내 마음이 좋은 말로 왕을 위하여 지은 것을 말하리니 내 혀는 글솜씨가 뛰어난 서기관의 붓끝과 같도다

2 왕은 사람들보다 아름다워 은혜를 입술에 머금으니 그러므로 하나님이 왕에게 영원히 복을 주시도다

3 용사여 칼을 허리에 차고 왕의 영화와 위엄을 입으소서

4 왕은 진리와 온유와 공의를 위하여 왕의 위엄을 세우시고 병거에 오르소서 왕의 오른손이 왕에게 놀라운 일을 가르치리이다

5 왕의 화살은 날카로워 왕의 원수의 염통을 뚫으니 만민이 왕의 앞에 엎드러지는도다

6 하나님이여 주의 보좌는 영원하며 주의 나라의 규는 공평한 규이니이다

7 왕은 정의를 사랑하고 악을 미워하시니 그러므로 하나님 곧 왕의 하나님이 즐거움의 기름을 왕에게 부어 왕의 동료보다 뛰어나게 하셨나이다

8 왕의 모든 옷은 몰약과 침향과 육계의 향기가 있으며 상아궁에서 나오는 현악은 왕을 즐겁게 하도다

9 왕이 가까이 하는 여인들 중에는 왕들의 딸이 있으며 왕후는 오빌의 금으로 꾸미고 왕의 오른쪽에 서도다

10 딸이여 듣고 보고 귀를 기울일지어다 네 백성과 네 아버지의 집을 잊어버릴지어다

11 그리하면 왕이 네 아름다움을 사모하실지라 그는 네 주인이시니 너는 그를 경배할지어다

12 두로의 딸은 예물을 드리고 백성 중 부한 자도 네 얼굴 보기를 원하리로다

13 왕의 딸은 궁중에서 모든 영화를 누리니 그의 옷은 금으로 수 놓았도다

14 수 놓은 옷을 입은 그는 왕께로 인도함을 받으며 시종하는 친구 처녀들도 왕께로 이끌려 갈 것이라

15 그들은 기쁨과 즐거움으로 인도함을 받고 왕궁에 들어가리로다

16 왕의 아들들은 왕의 조상들을 계승할 것이라 왕이 그들로 온 세계의 군왕을 삼으리로다

17 내가 왕의 이름을 만세에 기억하게 하리니 그러므로 만민이 왕을 영원히 찬송하리로다

[고라 자손의 시, 인도자를 따라 알라못에 맞춘 노래]

1 하나님은 우리의 피난처시요 힘이시니 환난 중에 만날 큰 도움이시라

2 그러므로 땅이 변하든지 산이 흔들려 바다 가운데에 빠지든지

3 바닷물이 솟아나고 뛰놀든지 그것이 넘침으로 산이 흔들릴지라도 우리는 두려워하지 아니하리로다 (셀라)

4 한 시내가 있어 나뉘어 흘러 하나님의 성 곧 지존하신 이의 성소를 기쁘게 하도다

5 하나님이 그 성 중에 계시매 성이 흔들리지 아니할 것이라 새벽에 하나님이 도우시리로다

6 뭇 나라가 떠들며 왕국이 흔들렸더니 그가 소리를 내시매 땅이 녹았도다

7 만군의 여호와께서 우리와 함께 하시니 야곱의 하나님은 우리의 피난처시로다 (셀라)

8 와서 여호와의 행적을 볼지어다 그가 땅을 황무지로 만드셨도다

9 그가 땅 끝까지 전쟁을 쉬게 하심이여 활을 꺾고 창을 끊으며 수레를 불사르시는도다

10 이르시기를 너희는 가만히 있어 내가 하나님 됨을 알지어다 내가 뭇 나라 중에서 높임을 받으리라 내가 세계 중에서 높임을 받으리라 하시도다

11 만군의 여호와께서 우리와 함께 하시니 야곱의 하나님은 우리의 피난처시로다 (셀라)

[고라 자손의 시, 인도자를 따라 부르는 노래]

1 너희 만민들아 손바닥을 치고 즐거운 소리로 하나님께 외칠지어다

2 지존하신 여호와는 두려우시고 온 땅에 큰 왕이 되심이로다

3 여호와께서 만민을 우리에게, 나라들을 우리 발 아래에 복종하게 하시며

4 우리를 위하여 기업을 택하시나니 곧 사랑하신 야곱의 영화로다 (셀라)

5 하나님께서 즐거운 함성 중에 올라가심이여 여호와께서 나팔 소리 중에 올라가시도다

6 찬송하라 하나님을 찬송하라 찬송하라 우리 왕을 찬송하라

7 하나님은 온 땅의 왕이심이라 지혜의 시로 찬송할지어다

8 하나님이 뭇 백성을 다스리시며 하나님이 그의 거룩한 보좌에 앉으셨도다

9 뭇 나라의 고관들이 모임이여 아브라함의 하나님의 백성이 되도다 세상의 모든 방패는 하나님의 것임이여 그는 높임을 받으시리로다

48편

[고라 자손의 시 곧 노래]

1 여호와는 위대하시니 우리 하나님의 성, 거룩한 산에서 극진히 찬양 받으시리로다

2 터가 높고 아름다워 온 세계가 즐거워함이여 큰 왕의 성 곧 북방에 있는 시온 산이 그러하도다

3 하나님이 그 여러 궁중에서 자기를 요새로 알리셨도다

4 왕들이 모여서 함께 지나갔음이여

5 그들이 보고 놀라고 두려워 빨리 지나갔도다

6 거기서 떨림이 그들을 사로잡으니 고통이 해산하는 여인의 고통 같도다

7 주께서 동풍으로 다시스의 배를 깨뜨리시도다

8 우리가 들은 대로 만군의 여호와의 성, 우리 하나님의 성에서 보았나니 하나님이 이를 영원히 견고하게 하시리로다 (셀라)

9 하나님이여 우리가 주의 전 가운데에서 주의 인자하심을 생각하였나이다

10 하나님이여 주의 이름과 같이 찬송도 땅 끝까지 미쳤으며 주의 오른손에는 정의가 충만하였나이다

11 주의 심판으로 말미암아 시온 산은 기뻐하고 유다의 딸들은 즐거워할지어다

12 너희는 시온을 돌면서 그 곳을 둘러보고 그 망대들을 세어 보라

13 그의 성벽을 자세히 보고 그의 궁전을 살펴서 후대에 전하라

14 이 하나님은 영원히 우리 하나님이시니 그가 우리를 죽을 때까지 인도하시리로다

49편

[고라 자손의 시, 인도자를 따라 부르는 노래]

1 뭇 백성들아 이를 들으라 세상의 거민들아 모두 귀를 기울이라

2 귀천 빈부를 막론하고 다 들을지어다

3 내 입은 지혜를 말하겠고 내 마음은 명철을 작은 소리로 읊조리리로다

4 내가 비유에 내 귀를 기울이고 수금으로 나의 오묘한 말을 풀리로다

5 죄악이 나를 따라다니며 나를 에워싸는 환난의 날을 내가 어찌 두려워하랴

6 자기의 재물을 의지하고 부유함을 자랑하는 자는

7 아무도 자기의 형제를 구원하지 못하며 그를 위한 속전을 하나님께 바치지도 못할 것은

8 그들의 생명을 속량하는 값이 너무 엄청나서 영원히 마련하지 못할 것임이니라

9 그가 영원히 살아서 죽음을 보지 않을 것인가

10 그러나 그는 지혜 있는 자도 죽고 어리석고 무지한 자도 함께 망하며 그들의 재물은 남에게 남겨 두고 떠나는 것을 보게 되리로다

11 그러나 그들의 속 생각에 그들의 집은 영원히 있고 그들의 거처는 대대에 이르리라 하여 그들의 토지를 자기 이름으로 부르도다

12 사람은 존귀하나 장구하지 못함이여 멸망하는 짐승 같도다

13 이것이 바로 어리석은 자들의 길이며 그들의 말을 기뻐하는 자들의 종말이로다 (셀라)

14 그들은 양 같이 스올에 두기로 작정되었으니 사망이 그들의 목자일 것이라 정직한 자들이 아침에 그들을 다스리리니 그들의 아름다움은 소멸하고 스올이 그들의 거처가 되리라

15 그러나 하나님은 나를 영접하시리니 이러므로 내 영혼을 스올의 권세에서 건져내시리로다 (셀라)

16 사람이 치부하여 그의 집의 영광이 더할 때에 너는 두려워하지 말지어다

17 그가 죽으매 가져가는 것이 없고 그의 영광이 그를 따라 내려가지 못함이로다

18 그가 비록 생시에 자기를 축하하며 스스로 좋게 함으로 사람들에게 칭찬을 받을지라도

19 그들은 그들의 역대 조상들에게로 돌아가니 영원히 빛을 보지 못하리로다

20 존귀하나 깨닫지 못하는 사람은 멸망하는 짐승 같도다

50편

[아삽의 시]

1 전능하신 이 여호와 하나님께서 말씀하사 해 돋는 데서부터 지는 데까지 세상을 부르셨도다

2 온전히 아름다운 시온에서 하나님이 빛을 비추셨도다

3 우리 하나님이 오사 잠잠하지 아니하시니 그 앞에는 삼키는 불이 있고 그 사방에는 광풍이 불리로다

4 하나님이 자기의 백성을 판결하시려고 위 하늘과 아래 땅에 선포하여

5 이르시되 나의 성도들을 내 앞에 모으라 그들은 제사로 나와 언약한 이들이니라 하시도다

6 하늘이 그의 공의를 선포하리니 하나님 그는 심판장이심이로다 (셀라)

7 내 백성아 들을지어다 내가 말하리라 이스라엘아 내가 네게 증언하리라 나는 하나님 곧 네 하나님이로다

8 나는 네 제물 때문에 너를 책망하지는 아니하리니 네 번제가 항상 내 앞에 있음이로다

9 내가 네 집에서 수소나 네 우리에서 숫염소를 가져가지 아니하리니

10 이는 삼림의 짐승들과 뭇 산의 가축이 다 내 것이며

11 산의 모든 새들도 내가 아는 것이며 들의 짐승도 내 것임이로다

12 내가 가령 주려도 네게 이르지 아니할 것은 세계와 거기에 충만한 것이 내 것임이로다

13 내가 수소의 고기를 먹으며 염소의 피를 마시겠느냐

14 감사로 하나님께 제사를 드리며 지존하신 이에게 네 서원을 갚으며

15 환난 날에 나를 부르라 내가 너를 건지리니 네가 나를 영화롭게 하리로다

16 악인에게는 하나님이 이르시되 네가 어찌하여 내 율례를 전하며 내 언약을 네 입에 두느냐

17 네가 교훈을 미워하고 내 말을 네 뒤로 던지며

18 도둑을 본즉 그와 연합하고 간음하는 자들과 동료가 되며

19 네 입을 악에게 내어 주고 네 혀로 거짓을 꾸미며

20 앉아서 네 형제를 공박하며 네 어머니의 아들을 비방하는도다

21 네가 이 일을 행하여도 내가 잠잠하였더니 네가 나를 너와 같은 줄로 생각하였도다
그러나 내가 너를 책망하여 네 죄를 네 눈 앞에 낱낱이 드러내리라 하시는도다

22 하나님을 잊어버린 너희여 이제 이를 생각하라 그렇지 아니하면 내가 너희를 찢으리니
건질 자 없으리라

23 감사로 제사를 드리는 자가 나를 영화롭게 하나니 그의 행위를 옳게 하는 자에게
내가 하나님의 구원을 보이리라

51편

[다윗의 시, 인도자를 따라 부르는 노래, 다윗이 밧세바와 동침한 후 선지자 나단이 그에게 왔을 때]

1 하나님이여 주의 인자를 따라 내게 은혜를 베푸시며 주의 많은 긍휼을 따라 내 죄악을
지워 주소서

2 나의 죄악을 말갛게 씻으시며 나의 죄를 깨끗이 제하소서

3 무릇 나는 내 죄과를 아오니 내 죄가 항상 내 앞에 있나이다

4 내가 주께만 범죄하여 주의 목전에 악을 행하였사오니 주께서 말씀하실 때에 의로우
시다 하고 주께서 심판하실 때에 순전하시다 하리이다

5 내가 죄악 중에서 출생하였음이여 어머니가 죄 중에서 나를 잉태하였나이다

6 보소서 주께서는 중심이 진실함을 원하시오니 내게 지혜를 은밀히 가르치시리이다

7 우슬초로 나를 정결하게 하소서 내가 정하리이다 나의 죄를 씻어 주소서 내가 눈보다
희리이다

8 내게 즐겁고 기쁜 소리를 들려 주시사 주께서 꺾으신 뼈들도 즐거워하게 하소서

9 주의 얼굴을 내 죄에서 돌이키시고 내 모든 죄악을 지워 주소서

10 하나님이여 내 속에 정한 마음을 창조하시고 내 안에 정직한 영을 새롭게 하소서

11 나를 주 앞에서 쫓아내지 마시며 주의 성령을 내게서 거두지 마소서

12 주의 구원의 즐거움을 내게 회복시켜 주시고 자원하는 심령을 주사 나를 붙드소서

13 그리하면 내가 범죄자에게 주의 도를 가르치리니 죄인들이 주께 돌아오리이다

14 하나님이여 나의 구원의 하나님이여 피 흘린 죄에서 나를 건지소서 내 혀가 주의 의를 높이 노래하리이다

15 주여 내 입술을 열어 주소서 내 입이 주를 찬송하여 전파하리이다

16 주께서는 제사를 기뻐하지 아니하시나니 그렇지 아니하면 내가 드렸을 것이라 주는 번제를 기뻐하지 아니하시나이다

17 하나님께서 구하시는 제사는 상한 심령이라 하나님이여 상하고 통회하는 마음을 주께서 멸시하지 아니하시리이다

18 주의 은택으로 시온에 선을 행하시고 예루살렘 성을 쌓으소서

19 그 때에 주께서 의로운 제사와 번제와 온전한 번제를 기뻐하시리니 그 때에 그들이 수소를 주의 제단에 드리리이다

[다윗의 마스길, 인도자를 따라 부르는 노래, 에돔인 도엑이 사울에게 이르러 다윗이 아히멜렉의 집에 왔다고 그에게 말하던 때에]

1 포악한 자여 네가 어찌하여 악한 계획을 스스로 자랑하는가 하나님의 인자하심은 항상 있도다

2 네 혀가 심한 악을 꾀하여 날카로운 삭도 같이 간사를 행하는도다

3 네가 선보다 악을 사랑하며 의를 말함보다 거짓을 사랑하는도다(셀라)

4 간사한 혀여 너는 남을 해치는 모든 말을 좋아하는도다

5 그런즉 하나님이 영원히 너를 멸하심이여 너를 붙잡아 네 장막에서 뽑아 내며 살아 있는 땅에서 네 뿌리를 빼시리로다(셀라)

6 의인이 보고 두려워하며 또 그를 비웃어 말하기를

7 이 사람은 하나님을 자기 힘으로 삼지 아니하고 오직 자기 재물의 풍부함을 의지하며 자기의 악으로 스스로 든든하게 하던 자라 하리로다

8 그러나 나는 하나님의 집에 있는 푸른 감람나무 같음이여 하나님의 인자하심을 영원히 의지하리로다

9 주께서 이를 행하셨으므로 내가 영원히 주께 감사하고 주의 이름이 선하시므로 주의
   성도 앞에서 내가 주의 이름을 사모하리이다

53편

[다윗의 마스길, 인도자를 따라 마할랏에 맞춘 노래]

1 어리석은 자는 그의 마음에 이르기를 하나님이 없다 하도다 그들은 부패하며 가증한
   악을 행함이여 선을 행하는 자가 없도다

2 하나님이 하늘에서 인생을 굽어살피사 지각이 있는 자와 하나님을 찾는 자가 있는가
   보려 하신즉

3 각기 물러가 함께 더러운 자가 되고 선을 행하는 자 없으니 한 사람도 없도다

4 죄악을 행하는 자들은 무지하냐 그들이 떡 먹듯이 내 백성을 먹으면서 하나님을
   부르지 아니하는도다

5 그들이 두려움이 없는 곳에서 크게 두려워하였으니 너를 대항하여 진 친 그들의
   뼈를 하나님이 흩으심이라 하나님이 그들을 버리셨으므로 네가 그들에게 수치를
   당하게 하였도다

6 시온에서 이스라엘을 구원하여 줄 자 누구인가 하나님이 자기 백성의 포로된 것을
   돌이키실 때에 야곱이 즐거워하며 이스라엘이 기뻐하리로다

54편

**[다윗의 마스길, 인도자를 따라 현악에 맞춘 노래, 십 사람이 사울에게 이르러 말하기를 다윗이
우리가 있는 곳에 숨지 아니하였나이까 하던 때에]**

1 하나님이여 주의 이름으로 나를 구원하시고 주의 힘으로 나를 변호하소서

2 하나님이여 내 기도를 들으시며 내 입의 말에 귀를 기울이소서

3 낯선 자들이 일어나 나를 치고 포악한 자들이 나의 생명을 수색하며 하나님을 자기
   앞에 두지 아니하였음이니이다 (셀라)

4 하나님은 나를 돕는 이시며 주께서는 내 생명을 붙들어 주시는 이시니이다

5 주께서는 내 원수에게 악으로 갚으시리니 주의 성실하심으로 그들을 멸하소서

6 내가 낙헌제로 주께 제사하리이다 여호와여 주의 이름에 감사하오리니 주의 이름이 선하심이니이다

7 참으로 주께서는 모든 환난에서 나를 건지시고 내 원수가 보응 받는 것을 내 눈이 똑똑히 보게 하셨나이다

55편

[다윗의 마스길, 인도자를 따라 현악에 맞춘 노래]

1 하나님이여 내 기도에 귀를 기울이시고 내가 간구할 때에 숨지 마소서

2 내게 굽히사 응답하소서 내가 근심으로 편하지 못하여 탄식하오니

3 이는 원수의 소리와 악인의 압제 때문이라 그들이 죄악을 내게 더하며 노하여 나를 핍박하나이다

4 내 마음이 내 속에서 심히 아파하며 사망의 위험이 내게 이르렀도다

5 두려움과 떨림이 내게 이르고 공포가 나를 덮었도다

6 나는 말하기를 만일 내게 비둘기 같이 날개가 있다면 날아가서 편히 쉬리로다

7 내가 멀리 날아가서 광야에 머무르리로다 (셀라)

8 내가 나의 피난처로 속히 가서 폭풍과 광풍을 피하리라 하였도다

9 내가 성내에서 강포와 분쟁을 보았사오니 주여 그들을 멸하소서 그들의 혀를 잘라 버리소서

10 그들이 주야로 성벽 위에 두루 다니니 성 중에는 죄악과 재난이 있으며

11 악독이 그 중에 있고 압박과 속임수가 그 거리를 떠나지 아니하도다

12 나를 책망하는 자는 원수가 아니라 원수일진대 내가 참았으리라 나를 대하여 자기를 높이는 자는 나를 미워하는 자가 아니라 미워하는 자일진대 내가 그를 피하여 숨었으리라

13 그는 곧 너로다 나의 동료, 나의 친구요 나의 가까운 친우로다

14 우리가 같이 재미있게 의논하며 무리와 함께 하여 하나님의 집 안에서 다녔도다

년　　월　　일

107

15 사망이 갑자기 그들에게 임하여 산 채로 스올에 내려갈지어다 이는 악독이 그들의 거처에 있고 그들 가운데에 있음이로다

16 나는 하나님께 부르짖으리니 여호와께서 나를 구원하시리로다

17 저녁과 아침과 정오에 내가 근심하여 탄식하리니 여호와께서 내 소리를 들으시리로다

18 나를 대적하는 자 많더니 나를 치는 전쟁에서 그가 내 생명을 구원하사 평안하게 하셨도다

19 옛부터 계시는 하나님이 들으시고 그들을 낮추시리이다(셀라) 그들은 변하지 아니하며 하나님을 경외하지 아니함이니이다

20 그는 손을 들어 자기와 화목한 자를 치고 그의 언약을 배반하였도다

21 그의 입은 우유 기름보다 미끄러우나 그의 마음은 전쟁이요 그의 말은 기름보다 유하나 실상은 뽑힌 칼이로다

22 네 짐을 여호와께 맡기라 그가 너를 붙드시고 의인의 요동함을 영원히 허락하지 아니하시리로다

23 하나님이여 주께서 그들로 파멸의 웅덩이에 빠지게 하시리이다 피를 흘리게 하며 속이는 자들은 그들의 날의 반도 살지 못할 것이나 나는 주를 의지하리이다

56편

[다윗의 믹담 시, 인도자를 따라 요낫 엘렘 르호김에 맞춘 노래, 다윗이 가드에서 블레셋인에게 잡힌 때에]

1 하나님이여 내게 은혜를 베푸소서 사람이 나를 삼키려고 종일 치며 압제하나이다

2 내 원수가 종일 나를 삼키려 하며 나를 교만하게 치는 자들이 많사오니

3 내가 두려워하는 날에는 내가 주를 의지하리이다

4 내가 하나님을 의지하고 그 말씀을 찬송하올지라 내가 하나님을 의지하였은즉 두려워하지 아니하리니 혈육을 가진 사람이 내게 어찌하리이까

5 그들이 종일 내 말을 곡해하며 나를 치는 그들의 모든 생각은 사악이라

6 그들이 내 생명을 엿보았던 것과 같이 또 모여 숨어 내 발자취를 지켜보나이다

7 그들이 악을 행하고야 안전하오리이까 하나님이여 분노하사 뭇 백성을 낮추소서

8 나의 유리함을 주께서 계수하셨사오니 나의 눈물을 주의 병에 담으소서 이것이 주의 책에 기록되지 아니하였나이까

9 내가 아뢰는 날에 내 원수들이 물러가리니 이것으로 하나님이 내 편이심을 내가 아나이다

10 내가 하나님을 의지하여 그의 말씀을 찬송하며 여호와를 의지하여 그의 말씀을 찬송하리이다

11 내가 하나님을 의지하였은즉 두려워하지 아니하리니 사람이 내게 어찌하리이까

12 하나님이여 내가 주께 서원함이 있사온즉 내가 감사제를 주께 드리리니

13 주께서 내 생명을 사망에서 건지셨음이라 주께서 나로 하나님 앞, 생명의 빛에 다니게 하시려고 실족하지 아니하게 하지 아니하셨나이까

57편

[다윗의 믹담 시, 인도자를 따라 알다스헷에 맞춘 노래, 다윗이 사울을 피하여 굴에 있던 때에]

1 하나님이여 내게 은혜를 베푸소서 내게 은혜를 베푸소서 내 영혼이 주께로 피하되 주의 날개 그늘 아래에서 이 재앙들이 지나기까지 피하리이다

2 내가 지존하신 하나님께 부르짖음이여 곧 나를 위하여 모든 것을 이루시는 하나님께로다

3 그가 하늘에서 보내사 나를 삼키려는 자의 비방에서 나를 구원하실지라 (셀라) 하나님이 그의 인자와 진리를 보내시리로다

4 내 영혼이 사자들 가운데에서 살며 내가 불사르는 자들 중에 누웠으니 곧 사람의 아들들 중에라 그들의 이는 창과 화살이요 그들의 혀는 날카로운 칼 같도다

5 하나님이여 주는 하늘 위에 높이 들리시며 주의 영광이 온 세계 위에 높아지기를 원하나이다

6 그들이 내 걸음을 막으려고 그물을 준비하였으니 내 영혼이 억울하도다 그들이 내 앞에 웅덩이를 팠으나 자기들이 그 중에 빠졌도다 (셀라)

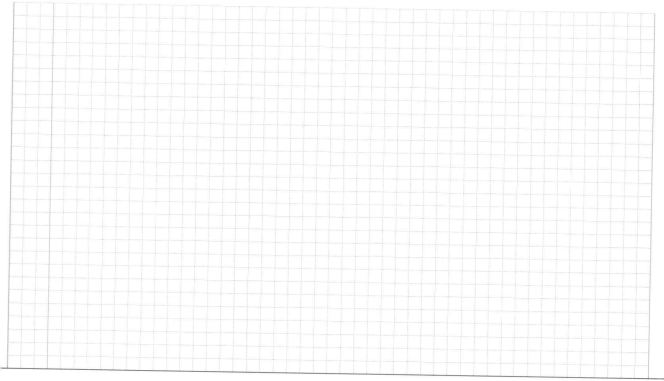

7   하나님이여 내 마음이 확정되었고 내 마음이 확정되었사오니 내가 노래하고 내가 찬송하리이다

8   내 영광아 깰지어다 비파야, 수금아, 깰지어다 내가 새벽을 깨우리로다

9   주여 내가 만민 중에서 주께 감사하오며 뭇 나라 중에서 주를 찬송하리이다

10 무릇 주의 인자는 커서 하늘에 미치고 주의 진리는 궁창에 이르나이다

11 하나님이여 주는 하늘 위에 높이 들리시며 주의 영광이 온 세계 위에 높아지기를 원하나이다

[다윗의 믹담 시, 인도자를 따라 알다스헷에 맞춘 노래]

1   통치자들아 너희가 정의를 말해야 하거늘 어찌 잠잠하냐 인자들아 너희가 올바르게 판결해야 하거늘 어찌 잠잠하냐

2   아직도 너희가 중심에 악을 행하며 땅에서 너희 손으로 폭력을 달아 주는도다

3   악인은 모태에서부터 멀어졌음이여 나면서부터 곁길로 나아가 거짓을 말하는도다

4   그들의 독은 뱀의 독 같으며 그들은 귀를 막은 귀머거리 독사 같으니

5   술사의 홀리는 소리도 듣지 않고 능숙한 술객의 요술도 따르지 아니하는 독사로다

6   하나님이여 그들의 입에서 이를 꺾으소서 여호와여 젊은 사자의 어금니를 꺾어 내시며

7   그들이 급히 흐르는 물 같이 사라지게 하시며 겨누는 화살이 꺾임 같게 하시며

8   소멸하여 가는 달팽이 같게 하시며 만삭 되지 못하여 출생한 아이가 햇빛을 보지 못함 같게 하소서

9   가시나무 불이 가마를 뜨겁게 하기 전에 생나무든지 불 붙는 나무든지 강한 바람으로 휩쓸려가게 하소서

10 의인이 악인의 보복 당함을 보고 기뻐함이여 그의 발을 악인의 피에 씻으리로다

11 그 때에 사람의 말이 진실로 의인에게 갚음이 있고 진실로 땅에서 심판하시는 하나님이 계시다 하리로다

59편

[다윗의 믹담 시, 인도자를 따라 알다스헷에 맞춘 노래, 사울이 사람을 보내어 다윗을 죽이려고 그 집을 지킨 때에]

1 나의 하나님이여 나의 원수에게서 나를 건지시고 일어나 치려는 자에게서 나를 높이 드소서

2 악을 행하는 자에게서 나를 건지시고 피 흘리기를 즐기는 자에게서 나를 구원하소서

3 그들이 나의 생명을 해하려고 엎드려 기다리고 강한 자들이 모여 나를 치려 하오니 여호와여 이는 나의 잘못으로 말미암음이 아니요 나의 죄로 말미암음도 아니로소이다

4 내가 허물이 없으나 그들이 달려와서 스스로 준비하오니 주여 나를 도우시기 위하여 깨어 살펴 주소서

5 주님은 만군의 하나님 여호와, 이스라엘의 하나님이시오니 일어나 모든 나라들을 벌하소서 악을 행하는 모든 자들에게 은혜를 베풀지 마소서 (셀라)

6 그들이 저물어 돌아와서 개처럼 울며 성으로 두루 다니고

7 그들의 입으로는 악을 토하며 그들의 입술에는 칼이 있어 이르기를 누가 들으리요 하나이다

8 여호와여 주께서 그들을 비웃으시며 모든 나라들을 조롱하시리이다

9 하나님은 나의 요새이시니 그의 힘으로 말미암아 내가 주를 바라리이다

10 나의 하나님이 그의 인자하심으로 나를 영접하시며 하나님이 나의 원수가 보응 받는 것을 내가 보게 하시리이다

11 그들을 죽이지 마옵소서 나의 백성이 잊을까 하나이다 우리 방패 되신 주여 주의 능력으로 그들을 흩으시고 낮추소서

12 그들의 입술의 말은 곧 그들의 입의 죄라 그들이 말하는 저주와 거짓말로 말미암아 그들이 그 교만한 중에서 사로잡히게 하소서

13 진노하심으로 소멸하시되 없어지기까지 소멸하사 하나님이 야곱 중에서 다스리심을 땅 끝까지 알게 하소서 (셀라)

14 그들에게 저물어 돌아와서 개처럼 울며 성으로 두루 다니게 하소서

15 그들은 먹을 것을 찾아 유리하다가 배부름을 얻지 못하면 밤을 새우려니와

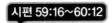

16 나는 주의 힘을 노래하며 아침에 주의 인자하심을 높이 부르오리니 주는 나의 요새이시며 나의 환난 날에 피난처심이니이다

17 나의 힘이시여 내가 주께 찬송하오리니 하나님은 나의 요새이시며 나를 긍휼히 여기시는 하나님이심이니이다

 60편

[다윗이 교훈하기 위하여 지은 믹담, 인도자를 따라 수산에둣에 맞춘 노래, 다윗이 아람 나하라임과 아람소바와 싸우는 중에 요압이 돌아와 에돔을 소금 골짜기에서 쳐서 만 이천 명을 죽인 때에]

1 하나님이여 주께서 우리를 버려 흩으셨고 분노하셨사오나 지금은 우리를 회복시키소서

2 주께서 땅을 진동시키사 갈라지게 하셨사오니 그 틈을 기우소서 땅이 흔들림이니이다

3 주께서 주의 백성에게 어려움을 보이시고 비틀거리게 하는 포도주를 우리에게 마시게 하셨나이다

4 주를 경외하는 자에게 깃발을 주시고 진리를 위하여 달게 하셨나이다 (셀라)

5 주께서 사랑하시는 자를 건지시기 위하여 주의 오른손으로 구원하시고 응답하소서

6 하나님이 그의 거룩하심으로 말씀하시되 내가 뛰놀리라 내가 세겜을 나누며 숙곳 골짜기를 측량하리라

7 길르앗이 내 것이요 므낫세도 내 것이며 에브라임은 내 머리의 투구요 유다는 나의 규이며

8 모압은 나의 목욕통이라 에돔에는 나의 신발을 던지리라 블레셋아 나로 말미암아 외치라 하셨도다

9 누가 나를 이끌어 견고한 성에 들이며 누가 나를 에돔에 인도할까

10 하나님이여 주께서 우리를 버리지 아니하셨나이까 하나님이여 주께서 우리 군대와 함께 나아가지 아니하시나이다

11 우리를 도와 대적을 치게 하소서 사람의 구원은 헛됨이니이다

12 우리가 하나님을 의지하고 용감하게 행하리니 그는 우리의 대적을 밟으실 이심이로다

[다윗의 시, 인도자를 따라 현악에 맞춘 노래]

1 하나님이여 나의 부르짖음을 들으시며 내 기도에 유의하소서

2 내 마음이 약해 질 때에 땅 끝에서부터 주께 부르짖으오리니 나보다 높은 바위에 나를 인도하소서

3 주는 나의 피난처시요 원수를 피하는 견고한 망대이심이니이다

4 내가 영원히 주의 장막에 머물며 내가 주의 날개 아래로 피하리이다 (셀라)

5 주 하나님이여 주께서 나의 서원을 들으시고 주의 이름을 경외하는 자가 얻을 기업을 내게 주셨나이다

6 주께서 왕에게 장수하게 하사 그의 나이가 여러 대에 미치게 하시리이다

7 그가 영원히 하나님 앞에서 거주하리니 인자와 진리를 예비하사 그를 보호하소서

8 그리하시면 내가 주의 이름을 영원히 찬양하며 매일 나의 서원을 이행하리이다

 [다윗의 시, 인도자를 따라 여두둔의 법칙에 따라 부르는 노래]

1 나의 영혼이 잠잠히 하나님만 바람이여 나의 구원이 그에게서 나오는도다

2 오직 그만이 나의 반석이시요 나의 구원이시요 나의 요새이시니 내가 크게 흔들리지 아니하리로다

3 넘어지는 담과 흔들리는 울타리 같이 사람을 죽이려고 너희가 일제히 공격하기를 언제까지 하려느냐

4 그들이 그를 그의 높은 자리에서 떨어뜨리기만 꾀하고 거짓을 즐겨 하니 입으로는 축복이요 속으로는 저주로다 (셀라)

5 나의 영혼아 잠잠히 하나님만 바라라 무릇 나의 소망이 그로부터 나오는도다

6 오직 그만이 나의 반석이시요 나의 구원이시요 나의 요새이시니 내가 흔들리지 아니하리로다

7 나의 구원과 영광이 하나님께 있음이여 내 힘의 반석과 피난처도 하나님께 있도다

8 백성들아 시시로 그를 의지하고 그의 앞에 마음을 토하라 하나님은 우리의 피난처시로다(셀라)

9 아, 슬프도다 사람은 입김이며 인생도 속임수이니 저울에 달면 그들은 입김보다 가벼우리로다

10 포악을 의지하지 말며 탈취한 것으로 허망하여지지 말며 재물이 늘어도 거기에 마음을 두지 말지어다

11 하나님이 한두 번 하신 말씀을 내가 들었나니 권능은 하나님께 속하였다 하셨도다

12 주여 인자함은 주께 속하오니 주께서 각 사람이 행한 대로 갚으심이니이다

63편

[다윗의 시, 유다 광야에 있을 때에]

1 하나님이여 주는 나의 하나님이시라 내가 간절히 주를 찾되 물이 없어 마르고 황폐한 땅에서 내 영혼이 주를 갈망하며 내 육체가 주를 앙모하나이다

2 내가 주의 권능과 영광을 보기 위하여 이와 같이 성소에서 주를 바라보았나이다

3 주의 인자하심이 생명보다 나으므로 내 입술이 주를 찬양할 것이라

4 이러므로 나의 평생에 주를 송축하며 주의 이름으로 말미암아 나의 손을 들리이다

5 골수와 기름진 것을 먹음과 같이 나의 영혼이 만족할 것이라 나의 입이 기쁜 입술로 주를 찬송하되

6 내가 나의 침상에서 주를 기억하며 새벽에 주의 말씀을 작은 소리로 읊조릴 때에 하오리니

7 주는 나의 도움이 되셨음이라 내가 주의 날개 그늘에서 즐겁게 부르리이다

8 나의 영혼이 주를 가까이 따르니 주의 오른손이 나를 붙드시거니와

9 나의 영혼을 찾아 멸하려 하는 그들은 땅 깊은 곳에 들어가며

10 칼의 세력에 넘겨져 승냥이의 먹이가 되리이다

11 왕은 하나님을 즐거워하리니 주께 맹세한 자마다 자랑할 것이나 거짓말하는 자의 입은 막히리로다

64편

[다윗의 시, 인도자를 따라 부르는 노래]

1 하나님이여 내가 근심하는 소리를 들으시고 원수의 두려움에서 나의 생명을 보존 하소서

2 주는 악을 꾀하는 자들의 음모에서 나를 숨겨 주시고 악을 행하는 자들의 소동에서 나를 감추어 주소서

3 그들이 칼 같이 자기 혀를 연마하며 화살 같이 독한 말로 겨누고

4 숨은 곳에서 온전한 자를 쏘며 갑자기 쏘고 두려워하지 아니하는도다

5 그들은 악한 목적으로 서로 격려하며 남몰래 올무 놓기를 함께 의논하고 하는 말이 누가 우리를 보리요 하며

6 그들은 죄악을 꾸미며 이르기를 우리가 묘책을 찾았다 하나니 각 사람의 속 뜻과 마음이 깊도다

7 그러나 하나님이 그들을 쏘시리니 그들이 갑자기 화살에 상하리로다

8 이러므로 그들이 엎드러지리니 그들의 혀가 그들을 해함이라 그들을 보는 자가 다 머리를 흔들리로다

9 모든 사람이 두려워하여 하나님의 일을 선포하며 그의 행하심을 깊이 생각하리로다

10 의인은 여호와로 말미암아 즐거워하며 그에게 피하리니 마음이 정직한 자는 다 자랑 하리로다

 65편

[다윗의 시, 인도자를 따라 부르는 노래]

1 하나님이여 찬송이 시온에서 주를 기다리오며 사람이 서원을 주께 이행하리이다

2 기도를 들으시는 주여 모든 육체가 주께 나아오리이다

3 죄악이 나를 이겼사오니 우리의 허물을 주께서 사하시리이다

4 주께서 택하시고 가까이 오게 하사 주의 뜰에 살게 하신 사람은 복이 있나이다 우리 가 주의 집 곧 주의 성전의 아름다움으로 만족하리이다

5 우리 구원의 하나님이시여 땅의 모든 끝과 먼 바다에 있는 자가 의지할 주께서 의를 따라 엄위하신 일로 우리에게 응답하시리이다

6 주는 주의 힘으로 산을 세우시며 권능으로 띠를 띠시며

7 바다의 설렘과 물결의 흔들림과 만민의 소요까지 진정하시나이다

8 땅 끝에 사는 자가 주의 징조를 두려워하나이다 주께서 아침 되는 것과 저녁 되는 것을 즐거워하게 하시며

9 땅을 돌보사 물을 대어 심히 윤택하게 하시며 하나님의 강에 물이 가득하게 하시고 이같이 땅을 예비하신 후에 그들에게 곡식을 주시나이다

10 주께서 밭고랑에 물을 넉넉히 대사 그 이랑을 평평하게 하시며 또 단비로 부드럽게 하시고 그 싹에 복을 주시나이다

11 주의 은택으로 한 해를 관 씌우시니 주의 길에는 기름 방울이 떨어지며

12 들의 초장에도 떨어지니 작은 산들이 기쁨으로 띠를 띠었나이다

13 초장은 양 떼로 옷 입었고 골짜기는 곡식으로 덮였으매 그들이 다 즐거이 외치고 또 노래하나이다

[시, 인도자를 따라 부르는 노래]

1 온 땅이여 하나님께 즐거운 소리를 낼지어다

2 그의 이름의 영광을 찬양하고 영화롭게 찬송할지어다

3 하나님께 아뢰기를 주의 일이 어찌 그리 엄위하신지요 주의 큰 권능으로 말미암아 주의 원수가 주께 복종할 것이며

4 온 땅이 주께 경배하고 주를 노래하며 주의 이름을 노래하리이다 할지어다 (셀라)

5 와서 하나님께서 행하신 것을 보라 사람의 아들들에게 행하심이 엄위하시도다

6 하나님이 바다를 변하여 육지가 되게 하셨으므로 무리가 걸어서 강을 건너고 우리가 거기서 주로 말미암아 기뻐하였도다

7 그가 그의 능력으로 영원히 다스리시며 그의 눈으로 나라들을 살피시나니 거역하는 자들은 교만하지 말지어다 (셀라)

8 만민들아 우리 하나님을 송축하며 그의 찬양 소리를 들리게 할지어다

9 그는 우리 영혼을 살려 두시고 우리의 실족함을 허락하지 아니하시는 주시로다

10 하나님이여 주께서 우리를 시험하시되 우리를 단련하시기를 은을 단련함 같이 하셨으며

11 우리를 끌어 그물에 걸리게 하시며 어려운 짐을 우리 허리에 매어 두셨으며

12 사람들이 우리 머리를 타고 가게 하셨나이다 우리가 불과 물을 통과하였더니 주께서 우리를 끌어내사 풍부한 곳에 들이셨나이다

13 내가 번제물을 가지고 주의 집에 들어가서 나의 서원을 주께 갚으리니

14 이는 내 입술이 낸 것이요 내 환난 때에 내 입이 말한 것이니이다

15 내가 숫양의 향기와 함께 살진 것으로 주께 번제를 드리며 수소와 염소를 드리리이다 (셀라)

16 하나님을 두려워하는 너희들아 다 와서 들으라 하나님이 나의 영혼을 위하여 행하신 일을 내가 선포하리로다

17 내가 나의 입으로 그에게 부르짖으며 나의 혀로 높이 찬송하였도다

18 내가 나의 마음에 죄악을 품었더라면 주께서 듣지 아니하시리라

19 그러나 하나님이 실로 들으셨음이여 내 기도 소리에 귀를 기울이셨도다

20 하나님을 찬송하리로다 그가 내 기도를 물리치지 아니하시고 그의 인자하심을 내게서 거두지도 아니하셨도다

67편

[시 곧 노래, 인도자를 따라 현악에 맞춘 것]

1 하나님은 우리에게 은혜를 베푸사 복을 주시고 그의 얼굴 빛을 우리에게 비추사 (셀라)

2 주의 도를 땅 위에, 주의 구원을 모든 나라에게 알리소서

3 하나님이여 민족들이 주를 찬송하게 하시며 모든 민족들이 주를 찬송하게 하소서

4 온 백성은 기쁘고 즐겁게 노래할지니 주는 민족들을 공평히 심판하시며 땅 위의 나라들을 다스리실 것임이니이다 (셀라)

5 하나님이여 민족들이 주를 찬송하게 하시며 모든 민족으로 주를 찬송하게 하소서

6 땅이 그의 소산을 내어 주었으니 하나님 곧 우리 하나님이 우리에게 복을 주시리로다

7 하나님이 우리에게 복을 주시리니 땅의 모든 끝이 하나님을 경외하리로다

68편

[다윗의 시, 인도자를 따라 부르는 노래]

1 하나님이 일어나시니 원수들은 흩어지며 주를 미워하는 자들은 주 앞에서 도망하리이다

2 연기가 불려 가듯이 그들을 몰아내소서 불 앞에서 밀이 녹음 같이 악인이 하나님 앞에서 망하게 하소서

3 의인은 기뻐하여 하나님 앞에서 뛰놀며 기뻐하고 즐거워할지어다

4 하나님께 노래하며 그의 이름을 찬양하라 하늘을 타고 광야에 행하시던 이를 위하여 대로를 수축하라 그의 이름은 여호와이시니 그의 앞에서 뛰놀지어다

5 그의 거룩한 처소에 계신 하나님은 고아의 아버지시며 과부의 재판장이시라

6 하나님이 고독한 자들은 가족과 함께 살게 하시며 갇힌 자들은 이끌어 내사 형통하게 하시느니라 오직 거역하는 자들의 거처는 메마른 땅이로다

7 하나님이여 주의 백성 앞에서 앞서 나가사 광야에서 행진하셨을 때에 (셀라)

8 땅이 진동하며 하늘이 하나님 앞에서 떨어지며 저 시내 산도 하나님 곧 이스라엘의 하나님 앞에서 진동하였나이다

9 하나님이여 주께서 흡족한 비를 보내사 주의 기업이 곤핍할 때에 주께서 그것을 견고하게 하셨고

10 주의 회중을 그 가운데에 살게 하셨나이다 하나님이여 주께서 가난한 자를 위하여 주의 은택을 준비하셨나이다

11 주께서 말씀을 주시니 소식을 공포하는 여자들은 큰 무리라

12 여러 군대의 왕들이 도망하고 도망하니 집에 있던 여자들도 탈취물을 나누도다

13 너희가 양 우리에 누울 때에는 그 날개를 은으로 입히고 그 깃을 황금으로 입힌 비둘기 같도다

14 전능하신 이가 왕들을 그 중에서 흩으실 때에는 살몬에 눈이 날림 같도다

15 바산의 산은 하나님의 산임이여 바산의 산은 높은 산이로다

16 너희 높은 산들아 어찌하여 하나님이 계시려 하는 산을 시기하여 보느냐 진실로 여호와께서 이 산에 영원히 계시리로다

17 하나님의 병거는 천천이요 만만이라 주께서 그 중에 계심이 시내 산 성소에 계심 같도다

18 주께서 높은 곳으로 오르시며 사로잡은 자들을 취하시고 선물들을 사람들에게서 받으시며 반역자들로부터도 받으시니 여호와 하나님이 그들과 함께 계시기 때문이로다

19 날마다 우리 짐을 지시는 주 곧 우리의 구원이신 하나님을 찬송할지로다 (셀라)

20 하나님은 우리에게 구원의 하나님이시라 사망에서 벗어남은 주 여호와로 말미암거니와

21 그의 원수들의 머리 곧 죄를 짓고 다니는 자의 정수리는 하나님이 쳐서 깨뜨리시리로다

22 주께서 말씀하시기를 내가 그들을 바산에서 돌아오게 하며 바다 깊은 곳에서 도로 나오게 하고

23 네가 그들을 심히 치고 그들의 피에 네 발을 잠그게 하며 네 집의 개의 혀로 네 원수들에게서 제 분깃을 얻게 하리라 하시도다

24 하나님이여 그들이 주께서 행차하심을 보았으니 곧 나의 하나님, 나의 왕이 성소로 행차하시는 것이라

25 소고 치는 처녀들 중에서 노래 부르는 자들은 앞서고 악기를 연주하는 자들은 뒤따르나이다

26 이스라엘의 근원에서 나온 너희여 대회 중에 하나님 곧 주를 송축할지어다

27 거기에는 그들을 주관하는 작은 베냐민과 유다의 고관과 그들의 무리와 스불론의 고관과 납달리의 고관이 있도다

28 네 하나님이 너의 힘을 명령하셨도다 하나님이여 우리를 위하여 행하신 것을 견고하게 하소서

29 예루살렘에 있는 주의 전을 위하여 왕들이 주께 예물을 드리리이다

30 갈밭의 들짐승과 수소의 무리와 만민의 송아지를 꾸짖으시고 은 조각을 발 아래에 밟으소서 그가 전쟁을 즐기는 백성을 흩으셨도다

31 고관들은 애굽에서 나오고 구스인은 하나님을 향하여 그 손을 신속히 들리로다

32 땅의 왕국들아 하나님께 노래하고 주께 찬송할지어다 (셀라)

33 옛적 하늘들의 하늘을 타신 자에게 찬송하라 주께서 그 소리를 내시니 웅장한 소리로다

34 너희는 하나님께 능력을 돌릴지어다 그의 위엄이 이스라엘 위에 있고 그의 능력이 구름 속에 있도다

35 하나님이여 위엄을 성소에서 나타내시나이다 이스라엘의 하나님은 그의 백성에게 힘과 능력을 주시나니 하나님을 찬송할지어다

 69편

[다윗의 시, 인도자를 따라 소산님에 맞춘 노래]

1 하나님이여 나를 구원하소서 물들이 내 영혼에까지 흘러 들어왔나이다

2 나는 설 곳이 없는 깊은 수렁에 빠지며 깊은 물에 들어가니 큰 물이 내게 넘치나이다

3 내가 부르짖음으로 피곤하여 나의 목이 마르며 나의 하나님을 바라서 나의 눈이 쇠하였나이다

4 까닭 없이 나를 미워하는 자가 나의 머리털보다 많고 부당하게 나의 원수가 되어 나를 끊으려 하는 자가 강하였으니 내가 빼앗지 아니한 것도 물어 주게 되었나이다

5 하나님이여 주는 나의 우매함을 아시오니 나의 죄가 주 앞에서 숨김이 없나이다

6 주 만군의 여호와여 주를 바라는 자들이 나를 인하여 수치를 당하게 하지 마옵소서 이스라엘의 하나님이여 주를 찾는 자가 나로 말미암아 욕을 당하게 하지 마옵소서

7 내가 주를 위하여 비방을 받았사오니 수치가 나의 얼굴에 덮였나이다

8 내가 나의 형제에게는 객이 되고 나의 어머니의 자녀에게는 낯선 사람이 되었나이다

9 주의 집을 위하는 열성이 나를 삼키고 주를 비방하는 비방이 내게 미쳤나이다

10 내가 곡하고 금식하였더니 그것이 도리어 나의 욕이 되었으며

11 내가 굵은 베로 내 옷을 삼았더니 내가 그들의 말 거리가 되었나이다

12 성문에 앉은 자가 나를 비난하며 독주에 취한 무리가 나를 두고 노래하나이다

13 여호와여 나를 반기시는 때에 내가 주께 기도하오니 하나님이여 많은 인자와 구원의 진리로 내게 응답하소서

14 나를 수렁에서 건지사 빠지지 말게 하시고 나를 미워하는 자에게서와 깊은 물에서 건지소서

15 큰 물이 나를 휩쓸거나 깊음이 나를 삼키지 못하게 하시며 웅덩이가 내 위에 덮쳐 그것의 입을 닫지 못하게 하소서

16 여호와여 주의 인자하심이 선하시오니 내게 응답하시며 주의 많은 긍휼에 따라 내게로 돌이키소서

17 주의 얼굴을 주의 종에게서 숨기지 마소서 내가 환난 중에 있사오니 속히 내게 응답하소서

18 내 영혼에게 가까이하사 구원하시며 내 원수로 말미암아 나를 속량하소서

19 주께서 나의 비방과 수치와 능욕을 아시나이다 나의 대적자들이 다 주님 앞에 있나이다

20 비방이 나의 마음을 상하게 하여 근심이 충만하니 불쌍히 여길 자를 바라나 없고 긍휼히 여길 자를 바라나 찾지 못하였나이다

21 그들이 쓸개를 나의 음식물로 주며 목마를 때에는 초를 마시게 하였사오니

22 그들의 밥상이 올무가 되게 하시며 그들의 평안이 덫이 되게 하소서

23 그들의 눈이 어두워 보지 못하게 하시며 그들의 허리가 항상 떨리게 하소서

24 주의 분노를 그들의 위에 부으시며 주의 맹렬하신 노가 그들에게 미치게 하소서

25 그들의 거처가 황폐하게 하시며 그들의 장막에 사는 자가 없게 하소서

26 무릇 그들이 주께서 치신 자를 핍박하며 주께서 상하게 하신 자의 슬픔을 말하였사오니

27 그들의 죄악에 죄악을 더하사 주의 공의에 들어오지 못하게 하소서

28 그들을 생명책에서 지우사 의인들과 함께 기록되지 말게 하소서

29 오직 나는 가난하고 슬프오니 하나님이여 주의 구원으로 나를 높이소서

30 내가 노래로 하나님의 이름을 찬송하며 감사함으로 하나님을 위대하시다 하리니

31 이것이 소 곧 뿔과 굽이 있는 황소를 드림보다 여호와를 더욱 기쁘시게 함이 될 것이라

32 곤고한 자가 이를 보고 기뻐하나니 하나님을 찾는 너희들아 너희 마음을 소생하게 할지어다

33 여호와는 궁핍한 자의 소리를 들으시며 자기로 말미암아 갇힌 자를 멸시하지 아니하시나니

34 천지가 그를 찬송할 것이요 바다와 그 중의 모든 생물도 그리할지로다

35 하나님이 시온을 구원하시고 유다 성읍들을 건설하시리니 무리가 거기에 살며 소유를 삼으리로다

36 그의 종들의 후손이 또한 이를 상속하고 그의 이름을 사랑하는 자가 그 중에 살리로다

 70편

[다윗의 시로 기념식에서 인도자를 따라 부르는 노래]

1 하나님이여 나를 건지소서 여호와여 속히 나를 도우소서

2 나의 영혼을 찾는 자들이 수치와 무안을 당하게 하시며 나의 상함을 기뻐하는 자들이 뒤로 물러가 수모를 당하게 하소서

3 아하, 아하 하는 자들이 자기 수치로 말미암아 뒤로 물러가게 하소서

4 주를 찾는 모든 자들이 주로 말미암아 기뻐하고 즐거워하게 하시며 주의 구원을 사랑하는 자들이 항상 말하기를 하나님은 위대하시다 하게 하소서

5 나는 가난하고 궁핍하오니 하나님이여 속히 내게 임하소서 주는 나의 도움이시요 나를 건지시는 이시오니 여호와여 지체하지 마소서

71편

1 여호와여 내가 주께 피하오니 내가 영원히 수치를 당하게 하지 마소서

2 주의 의로 나를 건지시며 나를 풀어 주시며 주의 귀를 내게 기울이사 나를 구원하소서

3 주는 내가 항상 피하여 숨을 바위가 되소서 주께서 나를 구원하라 명령하셨으니 이는 주께서 나의 반석이시요 나의 요새이심이니이다

4 나의 하나님이여 나를 악인의 손 곧 불의한 자와 흉악한 자의 장중에서 피하게 하소서

5 주 여호와여 주는 나의 소망이시요 내가 어릴 때부터 신뢰한 이시라

6 내가 모태에서부터 주를 의지하였으며 나의 어머니의 배에서부터 주께서 나를 택하셨사오니 나는 항상 주를 찬송하리이다

7 나는 무리에게 이상한 징조 같이 되었사오나 주는 나의 견고한 피난처시오니

8 주를 찬송함과 주께 영광 돌림이 종일토록 내 입에 가득하리이다

9 늙을 때에 나를 버리지 마시며 내 힘이 쇠약할 때에 나를 떠나지 마소서

10 내 원수들이 내게 대하여 말하며 내 영혼을 엿보는 자들이 서로 꾀하여

11 이르기를 하나님이 그를 버리셨은즉 따라 잡으라 건질 자가 없다 하오니

12 하나님이여 나를 멀리 하지 마소서 나의 하나님이여 속히 나를 도우소서

13 내 영혼을 대적하는 자들이 수치와 멸망을 당하게 하시며 나를 모해하려 하는 자들에게는 욕과 수욕이 덮이게 하소서

14 나는 항상 소망을 품고 주를 더욱더욱 찬송하리이다

15 내가 측량할 수 없는 주의 공의와 구원을 내 입으로 종일 전하리이다

16 내가 주 여호와의 능하신 행적을 가지고 오겠사오며 주의 공의만 전하겠나이다

17 하나님이여 나를 어려서부터 교훈하셨으므로 내가 지금까지 주의 기이한 일들을 전하였나이다

18 하나님이여 내가 늙어 백발이 될 때에도 나를 버리지 마시며 내가 주의 힘을 후대에 전하고 주의 능력을 장래의 모든 사람에게 전하기까지 나를 버리지 마소서

19 하나님이여 주의 의가 또한 지극히 높으시니이다 하나님이여 주께서 큰 일을 행하셨사오니 누가 주와 같으리이까

20 우리에게 여러 가지 심한 고난을 보이신 주께서 우리를 다시 살리시며 땅 깊은 곳에서 다시 이끌어 올리시리이다

21 나를 더욱 창대하게 하시고 돌이키사 나를 위로하소서

22 나의 하나님이여 내가 또 비파로 주를 찬양하며 주의 성실을 찬양하리이다 이스라엘의 거룩하신 주여 내가 수금으로 주를 찬양하리이다

23 내가 주를 찬양할 때에 나의 입술이 기뻐 외치며 주께서 속량하신 내 영혼이 즐거워하리이다

24 나의 혀도 종일토록 주의 의를 작은 소리로 읊조리오리니 나를 모해하려 하던 자들이 수치와 무안을 당함이니이다

72편

[솔로몬의 시]

1 하나님이여 주의 판단력을 왕에게 주시고 주의 공의를 왕의 아들에게 주소서

2 그가 주의 백성을 공의로 재판하며 주의 가난한 자를 정의로 재판하리니

3 의로 말미암아 산들이 백성에게 평강을 주며 작은 산들도 그리하리로다

4 그가 가난한 백성의 억울함을 풀어 주며 궁핍한 자의 자손을 구원하며 압박하는 자를 꺾으리로다

5 그들이 해가 있을 동안에도 주를 두려워하며 달이 있을 동안에도 대대로 그리하리로다

6 그는 벤 풀 위에 내리는 비 같이, 땅을 적시는 소낙비 같이 내리리니

7 그의 날에 의인이 흥왕하여 평강의 풍성함이 달이 다할 때까지 이르리로다

8 그가 바다에서부터 바다까지와 강에서부터 땅 끝까지 다스리리니

9 광야에 사는 자는 그 앞에 굽히며 그의 원수들은 티끌을 핥을 것이며

10 다시스와 섬의 왕들이 조공을 바치며 스바와 시바 왕들이 예물을 드리리로다

11 모든 왕이 그의 앞에 부복하며 모든 민족이 다 그를 섬기리로다

12 그는 궁핍한 자가 부르짖을 때에 건지며 도움이 없는 가난한 자도 건지며

13 그는 가난한 자와 궁핍한 자를 불쌍히 여기며 궁핍한 자의 생명을 구원하며

14 그들의 생명을 압박과 강포에서 구원하리니 그들의 피가 그의 눈 앞에서 존귀히 여김을 받으리로다

15 그들이 생존하여 스바의 금을 그에게 드리며 사람들이 그를 위하여 항상 기도하고 종일 찬송하리로다

16 산 꼭대기의 땅에도 곡식이 풍성하고 그것의 열매가 레바논 같이 흔들리며 성에 있는 자가 땅의 풀 같이 왕성하리로다

17 그의 이름이 영구함이여 그의 이름이 해와 같이 장구하리로다 사람들이 그로 말미암아 복을 받으리니 모든 민족이 다 그를 복되다 하리로다

18 홀로 기이한 일들을 행하시는 여호와 하나님 곧 이스라엘의 하나님을 찬송하며

19 그 영화로운 이름을 영원히 찬송할지어다 온 땅에 그의 영광이 충만할지어다 아멘 아멘

20 이새의 아들 다윗의 기도가 끝나니라

1, 2권 끝

쓰다 시리즈 - ❷

시편.쓰다 1
PSALMS WRITE

펴낸곳   에이프릴지저스
엮은이   에이프릴지저스 편집부

등 록   제2019-000161호
주 소   경기도 고양시 일산서구 주화로 180
전 화   031)908-3432
이메일   apriljesus2017@gmail.com
판 권   ⓒ에이프릴지저스2019
ISBN   979-11-968349-4-4 04230,
ISBN   979-11-968349-3-7 04230(set)
값은 뒤표지에 있습니다.
잘못된 책은 바꿔 드립니다.

홈페이지 www.apriljesus.com
인스타그램 instagram.com/apriljesus

Ⓐ 에이프릴지저스